Massachusetts Institute of Technology
MITエッセンシャル・ナレッジ・シリーズ

Information and Society

新・情報学入門

ビッグデータ時代に必須の技法

マイケル・バックランド　田畑暁生［訳］
Michael Buckland

日本評論社

まえがき

私たちが「情報社会」や「情報時代」に生きているという言い方はもはや紋切型だが、高度に発展を遂げたあらゆる社会において、情報（もう少し明確に言うならデータや知識）が中心的な機能を果たしていることは否定できないだろう。

こうした状況は、広い意味での「新しいテクノロジー」が、情報の記録や通信のあり方を劇的に変えた一連の「情報革命」によって引き起こされたと語るのが通例である。「情報革命」の起きた回数や性質については論者によって多様だが、典型的には文字、印刷、マスコミュニケーション、デジタルコンピュータ、インターネットなどが挙げられる。

私たちは「超歴史」の時代に生きているとルチアーノ・フロリディは主張する。個人や社会の幸福が情報通信技術に完全に依存するとしているのだ。フロリディの主張は、コペルニクス、ダーウィン、フロイトに次ぐ「第四の革命」、「情報的転回」を私たちが目撃している、というものである（Floridi［2014］）。私たちは、オンラインとオフラインとの境界が溶け出した「情報圏」の中におり、自分自身を情報が肉体化した組織「情報有機体」

（inforg）とみなすべきとする。

現代社会における情報の中心性からすれば、情報がさまざまな学問分野（コンピュータ科学、メディア研究、心理学、社会学、数学、教育学、経済学、哲学など）で研究されていることは驚くにあたらない。意味を持つ、コミュニケーション可能な情報に関心を寄せている学問だけでもこれだけあり、物理学や生物学などの、「情報概念を含む学問」まで含めれば、このリストはさらに長くなる（Robinson and Bawden［2013］）。

情報を唯一の関心対象としている学問が情報科学である。あらゆる種類の資料の性質を理解しようとし、旧来の目録や索引よりも洗練されたアクセスを提供しようとした「ドキュメンテーション運動」への関与から、情報科学は成長してきた（Wright［2014］）。デジタルコンピュータの発明も、コンピュータ科学と完全に重なるわけではないが、情報科学に弾みをつけた。情報科学は、記録された情報の整理や伝達に関するすべての局面や、それを利用するのに必要な情報リテラシー、倫理的問題などに関わる。劇的に変化しつつある「情報圏」の発展にとって、その洞察は極めて重要である。

基礎的な情報科学については良い教科書がいくつもあり、私もその一つを共著で執筆している（Bawden and Robinson［2012］）。しかしそれらは、教員や学生、実務家など、その学問の内部にいる人向けである。情報科学が、より広い文脈で洞察を与えてくれると（私が信じているように）みなさんも信じていただけるのなら、幅広い読者層に向けた教科書が必要となるだろう。本書はまさにその最初の試みである。

本書が印象深いのは、豊富な素材を明確に、また簡潔に、まとめている点である。著者のバックランドが、情報科学の伝統的な関心事、とりわけ情報資源をいかに説明、編成、検索するか、個人や集団がいかに情報とつきあうかといった事柄と、記録された情報がそれを通して通信される「資料の性質」についての考えとを、結び付けているのは好ましい。ネットワークで結ばれたデジタル環境の中で現れた新形式の資料は、資料の性質についての関心を刷新した。こうした概念的分析は、新たなテクノロジーの発展と比べれば目立つものではないが、効果的なコミュニケーションや、情報の良き利用のためには大変役に立つのである。私はバックランドの、情報科学を広く包括的なものと捉える見方に賛同する。そうした全体的なアプローチがあればこそ、情報が中心に躍り出た社会の問題を正しく扱うことができるだろう。

著者は控え目に、本書は多くの研究を紹介しているがオリジナルの部分は少ないと書いている。本書で取り上げられた素材の多くがこれまでに発表されたものに基づいているという意味では確かにそうかもしれない。しかしそれを選び、編集し、専門家ではない読者に向けて提示したその手法には大きな独創性がある。素晴らしい著作であり広く読まれるだけの価値がある。情報科学やドキュメンテーション運動の成果を最初に提供したことで、本書はおそらく今後も評価されるだろう。そしてそうあってもらいたい。もし情報圏が発展し開花するのなら、このような視点がまさに必要とされているからである。

デイヴィッド・ボーデン
ロンドン大学情報科学センター

序文

私たちが生きている社会は「情報社会」であるといわれ、大きな発展を遂げてきたと考えられている。しかし情報社会とはどういう意味なのだろうか？　その結果どうなるのだろうか？　そうした問題への答えとして、情報と社会との関係や、激増する各種の資料《ドキュメント》やデータへの依存の高まりについて、簡潔に入門的な記述をしたのが本書である。

本書における「情報」は、ごく日常で使われる用法である。法学、統計学、熱力学、暗号学といった分野で専門的に使われる「情報」については、他書に任せよう。本書で扱うのは、私たちが知っていることに影響を与えたり、コミュニケーションの役割を担ったり、中でもとりわけ、日常において記録された情報や、それをいかに見つけ出すかといった事柄である。したがって、信念や、社会的議題《アジェンダ》や、変化するテクノロジーも関わっている。これらは複雑な領域であって、単純な定式化を拒む面がある。言及はするが解決を主張しない、概念的および理論的な難題があるのだ。本書の目的は多くの研究を紹介することで、オリジナルの部分は少ない。初学者向けの入門書であるので、専門的な記述で見られるような詳細な引用もしていない。とはいえ、これまでの研究を利用した部分は、巻末の「さらなる研究のための文献」で明示し、そこには付加的な情報源も加えている。

情報理論への鋭い洞察に関してウェイン・ド・フレメリーに感謝する。ズブリンの手紙についてはウェイン・ハイザーに助けられた。ありがとう。本書の草稿を読んで有益なコメントを寄せてくれたリサ・ボージェソン、コリン・B・バーク、ヴィヴィアン・ペトラス、リン「・デイヴィッド」・ウォングにも感謝するものである。

目次

第1章　イントロダクション

「情報」という言葉はいくつもの違った意味で使われてきた。その中で本書が注目するのは社会の中の情報、日々の日常的経験における情報である。したがって、「暗号」「信号系」「熱力学」といった、統計などの手法を使った「形式的」情報科学と区別する意味で、「現実的な」情報科学と言える。人間の知識や日常経験と遊離した、専門的・技術的な意味での「情報」は、本書には登場しない。本書の射程はたとえば、社会統制に大きな役割を果たしているパスポートのような、やや複雑な書類を考えるといったところにある。あるいは人間の認知や、社会的行為や、テクノロジーの変化や、信頼の問題などを扱う。私たちの扱う問題は複合的で曖昧な場合が多く、単純で満足の行く科学的分析はできない。

私たちの社会が狩猟採集社会からより複雑なものへと進化するにつれ、分業化が進み、情報の重要性も高まった。他者に依存する度合いが増え、協力やコミュニケーション、手練手管などが必要となった。これはすなわち情報への依存と言える。単純な、あるいは中立的な状況ではない。情報を利用して私たちの信念や行動を操ろうと考える輩は少なくないからである。

情報

情報（information）という言葉の使用は、20世紀に大いに広がり、それが持つ意味もまた多様化した。「情報社会」という言葉の意味が一定していないことは議論を困難にしている。意味が定まっていないため、むしろスローガンや、情熱的なメタファーに適した語となっている。正確で明快な議論をしたい人は、情報の意味を限定するか、あるいは別の言葉（データ、記録、資料《ドキュメント》、共有知識、など）を使うべきである。情報の持つさまざまな意味に応じて、より適した別の言葉があるからだ。

言葉には創造的な使われ方があり、置かれた文脈が違えば意味もまた違ってくる。一つの事柄を指すのに複数の単語が存在する場合があり、意味が曖昧で複数の事柄を指し示す単語もあるだろう。英語で語尾が“ation”となっている単語は多義的な場合が多い。というのは、「過程」「出来事」「対象」「結果」のいずれも指す場合があるからである。かくして“information”という言葉は、さまざまな事柄を指し示してきた。したがって、「情報と

他者に依存する度合いが増え、
協力やコミュニケーション、
手練手管などが必要となった。
これはすなわち情報への依存と
言える。

は…である」といった断言は、その意味を明確にしない限り、およそ無意味であり混乱を招くばかりである。

「情報理論」などと使われるように、「情報」が電話システムなどの信頼性の計算におけるエンジニアの専門用語となったのは、20世紀の半ばである。暗号解読、電子工学、熱力学といったいくつかの重要な分野で、論理や確率や計算における一連の進歩に、情報概念は関わっている。これらの進歩の中では、「情報は真実である」「知識は真実である」「差異はビットに還元される」といった命題が通常、前提とされている。しかし、これらの重要な技術進歩も、そして真実に関する前提も、われわれの日常経験とはかけ離れている。したがって同じ「情報科学」といっても、ほとんど共通項を持たないまったく別の二つの研究分野があるということは認識しておかなければならない。この両者は関連性が薄く、一方が他方に言及することはあまりない。

人文学の中でテクスト（文書）を対象としてきた文献学（philology）のアナロジーを、情報科学でも使うことができるだろう。文献学では、テクストそれ自体を検証する「低い批評」（lower criticism）と、テクストを物質的および社会史的な文脈の中で検証する「高い批評」（higher criticism）の区別がある。同じように「低い情報科学」と「高い情報科学」を区別できるのではなかろうか。もっとそつのない言い方をするなら、情報の研究について、

「形式的」なアプローチと、「現実的」なアプローチがあるのではないか。

本書では人間の日常経験に即して情報を取り扱う。つまり、私たちの生活におけるメッセージ、記録、資料、認識などの複合体を扱うのである。もっとも適切な情報を選び、意味づけることの難しさ、情報源や資料の信頼性といった問題も、本書の射程内である。この文章も、文化的な文脈における、「高い」あるいは「現実的」な情報科学への序章である（形式的な情報科学については、他書に譲る）。

伝統的に資料と呼ばれてきたものだけに本研究を限定することはできない。というのも、私たちのコミュニケーション手段は、身振りや、言語や、物の使用など、多岐に渡っているからである。近代社会において、個人間での関係は徐々に、メッセージや記録やその他の資料を介した「間接的」なものになってきているのではないかというのが、私たちの中心的なテーマである。以下では情報という言葉を、日常的に使われているように、二つの互いに関連する意味で用いる。（1）身振り、言語、文章、その他の対象物から読み解くもの、（2）ビットや本やその他の物理的メッセージや記録といったコミュニケーションの物質的形態。

まず例を出してみよう。

私のパスポート

私のパスポートは私自身よりも権力を有している。私はパスポートなしで国境を越えられないが、パスポートは私なしで国境を越えられる。パスポートという小冊子は一見すると、伝統的なメディアの静的な性質の好例のように思える。しかし内側はより複雑だ。多様で変化する要素から成っている。私の写真が貼ってあり、署名がある。表のカバーの裏側に、OCR（光学式文字読み取り装置）が読み取るためのマークがあり、裏カバーの内側にはバーコードがある。これらはいずれも、コンピュータが読むためのデジタル文書だ。各ページには私の入国を記録するため国境の係員がスタンプを押しており、何葉かのページが追加されている。付加された書類もある。たとえば中国、ロシア、ベトナム政府が有料で私の入国を許可して発給したビザが挿入されている。生体認証を利用したセキュリティ・コードがヒースロー空港で埋め込まれ、他にも小さなセキュリティ用のステッカーがいくつか裏表紙に貼られている。最新のパスポートでは名前、国籍、性別、生年月日、出生地、肖像が記録されたチップが埋め込まれている。

パスポートには有効期限がある（私の人生と同じように）。しかし、私の人生の終焉とは違って、有効期限の日時は正確に知られており、わずかな料金を払うだけで延長することもできる。改変されないために慎重に設計されているが、電子情報など多くの情報と同じように、変更できる部分がある。「紙に手書きする」といった、最も伝統的な筆記もテクノロジーと言えるが、現在のテクノロジーは電子化の度合いが進み（いわゆる情報テクノロジー＝IT）、あたかもペンと紙はITではないかのように扱われている。

パスポートに社会的な側面があることは、国境を越えたり飛行機に搭乗したりすることを可能にするのがパスポートそれ自体ではなく、規則に従う警備員であることを思い出せば、明白だろう。辺鄙な、物理的な障壁のない国境地帯では、パスポートの有無にかかわらず国境を越えられる。おそらく違法であろうが、できないことではない。国境の標識が整備されていないならば、意図せずに国境を越えてしまう場合もあろう。パスポートの持つ権力は、この小冊子だけから生じるのではなく、複雑な官僚制システムに埋め込まれた制御システムの中の、パスポートが証拠として使われる多少とも強権的な社会的規則から生じているのである。

厳密に言えば、ある政府が制御できる（もしくは、制御しようとする）のは自国の国境だけで他国の国境ではなく、私のパスポートの妥当性を承認すると、それが国際的に「要求と合意」を通じて拡大していく。私がかつて持っていた英国のパスポートには、19世紀の帝国主義を思わせるような宣言が刻まれたページがあった。「英国国務大臣は、皇帝陛下の名において、本旅券の所持者が自由に国境を越え、必要な支援と保護を受けられるように要求する」。

また、認知的側面もある。国境を守る役人はパスポートが合法なものかどうかをチェックしなくてはならない。そこに書いてある記述や写真から、それが他人のものでなく私のものであること（実際にそうなのだが）を確かめ、期限切れでないかもチェックする。偽造パスポートであっても合法のように見えれば、それを所持している者は許され、国境を越えることができる。パスポートは真実ではなく、信頼に基づいて機能する。

偽造パスポートや改造パスポートでも、正しいものに見えれば信頼される。偽造パスポートや盗まれたパスポートも、本物のパスポートを手に入れられない人や、何らかの理由で別人として国境を越えたい人には価値がある。1994年、私は海外滞在中にパスポートを盗まれた。現地のアメリカ大使館は一年だけ有効の代わりのパスポートを発行してくれた。後になって九年、期限を延長したが、その更新文書は内側に隠れていたので、一見すると私のパスポートは、九年もの間、期限切れのように見えていた。多くの国境係員は、表紙の期限切れに気付き、延長されたという証拠を探したが、一部の係員は、旅行者は正しいパスポートを持っているものだという思い込みがあるのか、私のパスポートが期限切れであることにさえ気がつかなかった。

今では国境の役人たちは、パスポートの「機械で読むためのコード」を読み取り機にかける場合が多く、どこか遠く離れた場所で、そこに蓄えられた情報との照合が行われる。言い換えると、国境の役人の役割の一部は、機械に読まれるためのコードに、コードを読み込ませる装置に、そしてどこかにあるコード化された証拠と照合を行う装置に、取って代わられてしまった。人間の役人に残された役目は、パスポートの写真と本人が十分に似ているかどうかを確かめることだけである。生体認証技術は、こうした視覚に関わる仕事を代替できるまでに発展してきた。小売店や図書館でセルフサービスのチェックアウトが広がったように、入出国管理も人が直接に関与しないシステムができることは想像に難くない。

パスポートは、それを所持する個人の身元や市民権を保障する証拠であるが、その利用は、軍事力を背景にした社会的規制や、認知的活動に、依存するところがある。国境を守る役人はパスポートを読み、そのパスポートが合法的なもので、適切な人間に所持されていることを確かめる。最後に、機械が読み込むコードが、パスポートを複雑なシステムの中で稼働する一つの「装置」とする。

パスポートという小冊子は、その中に印刷部分、手書き部分、機械で読み込む部分を持った、複雑で動的なマルチメディア・デバイスであると言える。不適切な改変を拒む仕組みが念入りに備えられているが、許された形での変更は行われる。パスポートは、個人の旅行をコントロールするという重要な社会的役割を担っているが、それだけではなく、たとえば飛行機に搭乗するときや、銀行と取引するときなど、身元の証明が必要な場合にも使われる。物質としての多様性、信頼できるものと認識される知覚的認知、社会的コントロールの道具としての利用――こうした特質がパスポートを「豊かな事例」としている。現代のパスポートは利用されるようになって約百年経つが、その役割、複雑性、強力な可能性が、パスポートを現代社会の格好な「象徴《エンブレム》」にしているのである。

分業と「知る必要性」

歴史において資料《ドキュメント》への依存が始まってから久しい。狩猟採集から農業、工業、そして高度なサービス業へと、文明の中心は移り変わってきた。この発展の中で分業体制は進み、他者や制度への依存も増してきた。私たち現代人の中で、自分が食べる穀物を栽培し、食べる肉も自ら狩猟で調達し、自ら乳牛を飼って乳を搾り、飲むコーヒーの豆を自家栽培している人は、ほとんどいないだろう。同様にテクノロジーに関しても、自分の住む家を自ら建設したり、使うエネルギーを自分で作っている人は、まずいない。そうする代わりに他者に依存して生きているのである。

分業体制は、専門的技能の発達や、「規模の経済」による効率化を通じて、生活水準の向上を可能にする。しかしその結果、さまざまな形で、私たちはますます相互に依存せざるを得なくなる。他人に依存し、テクノロジーに依存し、交通インフラに依存し、金融サービスに依存し、規制に依存する。相互依存を可能にする物は他にも多数発展してきた。そして他者も、翻って私たちに依存している。

財やサービスの交換は市場を必要とするが、市場が成立するには、いつまでの期限で、どのような選択肢が可能であるのかが、知られていなくてはならない。市場は情報システムである。買い手と売り手に情報が広がっているほど、市場は完全に近づく。しかし、市場という相互依存体制に、コミュニケーションやドキュメンテーションが必要であることは、あまり言及されない。自分で財・サービスを作る代わりに、市場から調達しようとすれば、欲しいものを誰が供給しているのか、価格はいくらか、欲しいものと本当に一致しているのか、といったことを知らなくてはならない。もちろん質問もできるが、多くの場合、価格表、商品の性能、保証、利用可能な範囲や限界などが書かれた資料に依存している。知りたいことすべてを自分たちだけで完全に確かめることはできないので、他人が語っていることに依存せざるを得ず、誰があるいは何が信頼できるのか、自分たちで決めるほかない。こうした状況において、「知っていること」と「信じていること」を区別するのは非現実的である。あなたの知っていることが、信じていることなのだ。あなたは、より信じていることを、「知識」と見なしやすいのである。

他者の知識（いわば「二次的な知識」）への依存が強まることには、二つの側面がある。一方で分業の発展は他者への依存を増やし、他方でコミュニケーション（多くは資料）への依存の増大は、相互依存が要請する「協力」を拡大させる。

文化と社会は、コミュニケーションと協力を通じて発展してゆく。しかしそれに従って、直接の対人コミュニケーションは減ってゆく。私たちにできる最善の策は、他者の言ったこと、書いたこと、行ったことを記録した資料を使うことである。多数の他者の仕事やアイディアが、彼ら自身（もしくはそれ以外の人）によって、資料《ドキュメント》の形でまとめられてゆく。それはテクノロジーが過去の発明家の仕事を土台にしていることと近い。このように考えると、資料が社会を結び付け、複雑な社会を機能させることを可能にした。資料が他者を観察したり、他者に影響を与えたり、他者と交渉したりするための道具となってきたのである。

資料が他者を観察したり、
他者に影響を与えたり、
他者と交渉したりするための
道具となってきたのである。

他者のアジェンダ

1856年5月、ルウェリン・ズブリンは、アイオワ州にいる息子に宛てて、サンフランシスコの路上で新聞記者が殺された印象深い殺人事件について手紙に書いているが、この手紙は、資料のさまざまな形態や、資料利用の多様な動機について考える格好の例となっている。この手紙を後に入手した業者は、カリフォルニアの歴史資料をコレクションしていたカリフォルニア州バークレーのバンクロフト図書館に売った。2000年にこの手紙は、写真複写され、コンピュータに蓄えられ、プリントアウトされ、手動印刷を学ぶ学生たちの教材ともなった。学生たちはこの手紙をパンフレットの形に再構成した。その際に作られたエレガントな小冊子の余部が、将来の資金集めのために蓄えられた。2001年にはある学生が、資料の理論についてのセミナーの課題で、このテクストが辿ってきた歴史を時系列でまとめた。

私たちはこの事例を、テクストそれ自体とテクストを伝える資料を区別し、資料の形態の多様性（手書きの手紙、写真複写、デジタルファイル、コンピュータのプリントアウト、手動印刷）を示す例として用いることができる。また、家庭内のコミュニケーション、商売、歴史研究資料、技術の訓練、図書館の資金集め、教育を受けたことの証明、学問上の理論化など、この手紙にまつわる動機も多様である。

情報の役割を理解することが必要なのは、私たち自身のためばかりではない。他者の問題もある。その例は容易に見つけることができる。

- 学校が教科書を使うのは生徒に学習を導くためであり、同時に教師を管理するためである。
- 宗教家が教典を使うのは、信徒に特定の信念を吹き込み、服従させるためである。
- 芸術家が像を作るのは、私たちを喜ばせ、同時に、私たちに挑戦するためである。
- 商売人たちは広告費にお金をつぎ込んで、私たちの購買行動に影響を与えようとする。
- 政治家たちは選挙運動に支持を集め、自分に投票してもらうために、演説をする。
- エンターテイナーたちは私たちを喜ばせ、お金を払ってもらうために、多様なメディアを使う。
- 個人はコミュニケーションのため、かつ注意を引きつけるために、メッセージを使う。
- 美術館や博物館は、過去を説明するために、企画展を行ったり作品解説を行ったりする。
- マスメディアはいつも、私たちを楽しませ、私たちに影響を与え、広告主を喜ばせるために、「番組」を流している。
・図書館は私たちが読書しやすいように、資料を選んで提供してくれる。
・ソーシャルメディアによってコメントが高速で拡散する。
・私たちの購買、移動、行動などをモニターするのに記録デバイスが使われる。

こうしたリストは無限に続けることができる。リストが長くなるにつれ、私たちの生活がいかに包囲されているかに気付くことになる。こうした例より重要なのは、私たちの生活が、私たちの行為に影響を与え、私たちの文化を形作るような、メッセージや記録や資料によって侵食されていることだろう。

情報社会

私たちの現在の社会が、特別な「情報社会」であるという主張は、それ以外の社会が「非情報社会」であって私たちの社会とは別様であるとの主張を含意する。しかし、どんな集団であっても、ひいてはどんな社会であっても、行為の共有、協力やコミュニケーションを通して、その集合的性格を育んでおり、「非情報社会」というのは形容矛盾である。

中世の人々が近代の人々よりおしゃべり嫌いだったとは考えにくい。現代の最先端の社会とそうでない社会との違いは、情報が重要であるかどうかという点にはない。違いは、情報社会というフレーズによって指示されるような、情報の幅広い利用という特定の局面にある。私のパスポートや、すでに挙げたリストは、そうした事例である。パスポートは資料であって、口述文化には属さない。行為それ自体としては新しくないものであっても、テクノロジーの変化によって行為は増幅する。真の変化は記録の増大にある。であるので、「情報社会」というより「資料社会」の出現といった方がまだ正確な表現と言える。

真理、信頼、信念

伝統的な学問では「知識は真の信念によって正当化される」「知識にいたる情報は、定義上、真理でなくてはならない」「知識は一連の前提によって成り立つ（あるいは成り立つことができる）」とされる。しかし分析哲学の世界においてさえ、知識が信念であるという理解を除いては、問題含みである。日常において、「あらゆる情報が、定義上、真実である」という前提は、常識や個人的経験では、何ら根拠を持たない。私たちはある言辞が真実であるかどうかを知りたいと思い、それを疑うということはあるかもしれないが、実際においては結局のところ、証拠や、専門家や、頭のいい人や、友人を信じてしまう。信頼なしでは私たちの生活は麻痺してしまうだろう。私たちと資料との関係は信頼を基盤にしているが、コミュニケーションが間接的になるにつれ、信頼が必要となると同時に問題含みともなる。

物理的世界における「パターン」を情報と呼ぶことは、冗長で、メタファー的であると思われる。宇宙の性質はそれ自体として存在しており、「真理の問題」は起きない。あらゆる物質的差異を「情報」と呼ぶことは、問題を解決するどころか、混乱させる。

本書の構成

本書はまずこの第1章で、私たちの関心が日常生活における情報にあり、データや資料に対して、工学に見られるような形式的なアプローチよりも、より現実的なアプローチを取ることを強調する。「情報」（information）という言葉についていくつかの注意点を述べ、パスポートと手書きの手紙の例から、社会において資料が果たしている広範な役割について考える。資料が分業を可能にし、多くの異なった議論を前に進める。

次章以降では、データや資料、各種の記録の「洪水」に着目し、それらがいかに活用されているかだけでなく、それにどのように対処するかについても分析する。第2章「資料と証拠」では、情報という言葉の多様な意味を概観し、資料やデータが長期的にいかに急増してきたか（「情報爆発」）を跡づけ、情報の組織化、発見、活用を操るための技術についても述べる。第3章「個人と共同体」では、個人が情報で何をするのか、共同体は何を知っているのか（文化の中心的役割）、そして、情報がつねに物理的、精神的、社会的側面を持つことが語られる。第4章「組織化：整理と説明」では、集めた資料をいかに整理し、必要な際に見つけ出しコピーを作る方法を述べる。第5章「名付ける」は、ある資料を説明することの性質と複雑さについて考える。第6章「メタデータ」では、資料に関する説明（メタデータ）が、二つの目的で利用されていることを論ずる。一つはその資料の性格付けであり、もう一つは、索引をつけてその資料を見つけ出せるようにすることである。第7章「発見と選択」では、既知の資料の位置付けのためのクエリとメタデータとのマッチングという問題から始めて、より難しい、興味に叶う未知の資料を見つけ出すという課題へと至る。第8章「選択方法の評価」では、選択方法の標準的な評価法を説明し、それに関連する問題についても記述する。最終章「まとめと考察」では、それまでの章の重要部分を振り返り、社会の中の情報をどのように理解したらいいのかという問題を考える。

第2章 資料と証拠

「情報」という言葉は普通、ビットやバイトといったデジタル情報や、書籍などの物理的実体を意味するが、こうした種類の対象は広い意味で「資料《ドキュメント》」と呼ぶのが便利である。資料が重要であるのは、それが証拠《エビデンス》になると考えられているからで、資料には認知的・文化的な側面と物理的な側面の両方がある。書いたり、印刷したり、遠隔通信したり、コピーしたりすることで、資料の利用可能な範囲が時間的・空間的に拡大してゆく。資料の量は時代を下るごとに増えてきたが、最近では巨大なデジタルデータ（ビッグデータ）まで出現してきた。ビッグデータに対して、人間の側は備えができていない。巨大なデータから目的に叶うもっとも適切な資源を探り出すための技術が必要とされている。後から資料を利用する目的は多様である。多くの発展途上の分野がそうであるように、この分野では用語法がまだ一貫せず、比喩的に使われているところもある。

モノとしての情報

20世紀に情報が流行語となり、さまざまな使われ方をしたことはすでに述べた。人間の知識とは関係のないパターンにまで情報という言葉の範囲を広げた論者もいる。あるいは「不確実性を減らすもの」や「真実とされる言明」に情報の範囲を限定する論者もいる。ただ多くの場合は、人間が知ることと関係しており、それは次の三種類のいずれかに属している。

1. 知識としての情報…伝えられた知識
2. プロセスとしての情報…伝えられるというプロセス
3. モノとしての情報…ビットやバイト、書籍などの物理的メディア。おそらく実質的に、もっとも普通に使われる用法であろう。意味作用を持つモノや行為が含まれる。そしてこの第三の意味では、情報は広義での「資料《ドキュメント》」とほぼ等しい。

ドキュメントという言葉は、動詞の場合には「明らかにすること、説明を加えること」

であるが、名詞の場合には「レッスンや講義などから学んだこと」を意味してきた。そして次第に書かれたテクストを意味するようになり「証拠」といった意味にもなった。だが「資料」という言葉の定義は定まってはおらず、三つの見方がある。

1．伝統的、物質的な見方。何か平らなもの（紙、粘土板、マイクロフィルム、ワープロファイルなど）に書かれた、文章などの視覚的な記録。物質的であり、局地的であるが、一般には運搬可能である。これらを資料と呼ぶが、境界はあいまいである。

2．実用的な見方。意味のあるものすべて、何らかの証拠となるものすべてを含む。この見方では、自然史での骨董品や、考古学的な痕跡なども含まれる。軍隊が制服を採用する以前、兵士にとって敵と味方を見分けるのは難しかった。六世紀のウェールズ（イギリス）とサクソン（北ドイツ）の戦いで、リーキ（ニラネギ）の生えている草原で戦闘が行われたため、聖ディヴィッド（ウェールズの聖人）はウェールズの兵士たちに、リーキを身につけるように指示したという。この指示を受けた兵士にとっては、リーキがウェールズ人の身元証明となった。今でもリーキはウェールズのシンボルである。スザンヌ・ブリエは彼女の決意表明とも言うべき著書『ドキュメンテーションとは何か？』において、資料をモノから作られるものとしている。よく知られた話だが、ブリエは羚羊《れいよう》（アンテロープ）の新たに発見された種《しゅ》が、生物分類の中に位置づけられたとき、もしくは実物が捕獲されたときに、資料になると断言した。この見方を敷衍すると、書誌学はただのテクストではなく証拠へのアクセスをもとにするべきだということになる。

3．意味論的な見方。上記の二つの見方は意図的な創造を重視している。しかし意味論的な見方では、ある対象物が意図的に創造されたかどうかは気にせず、上記の二つの見方を不完全とする。何かの証拠《エビデンス》と見なし得るのであれば、それは資料である。

資料の重要性は、私たちがいかにそれを理解するかにかかっている。意味づけ、対応する能力は、生物の生存能力そのものである。資料およびドキュメンテーションは、状況を意味づけ選択肢を理解する上で、有用となり得る証拠を構成する。資料は自分たちと他者との媒介となり、私たちはさまざまなやり方で資料を評定する。私たちは見たものを理解しようとする。認識したものをどのくらい信頼するか、見たものに影響を受けたことをどのように感じるか、決定する。どのくらい利用可能であるかということも、その対象とのつきあい方に影響を与える。私たちは効用を最大化するというよりも、満足できる水準を探すのだ。

同じ意味といっても、mean と sense を区別しなくてはならない。あらゆる文章は

meaningを持つが、senseがない（意味をなさない）文章が存在する。「ネズミが象を飲みこんだ」という文章は、文法的には意味（mean）を持つけれども、現実的には意味（sense）をなさない。マンガや想像の中であれば別だが。抽象絵画やロールシャッハテスト（性格検査の一つ）のように、意味（mean）が不確かだったり、不完全な場合でも、私たちはそれを意味（sense）づけようとする。

資料とその解剖

ドキュメンテーション（資料の編成）は一つの疑問を導く。ドキュメンテーションが関与するのはどんな種類の資料なのか？　デジタル資料や印刷文書が筆頭に上がるだろうが、「学んだもの」を資料とするならば手書き文書も含まれるであろうし、範囲を制限する根拠もなくなる。図表やスケッチ、地図、写真も何かを描写・説明するものであるし、映像を除外する理由もない。もし図表も含めるのであれば、三次元のモデルや教育玩具はどうなのか？　三次元の物体を含めるのであれば、博物館にある標本や、美術館にある彫刻も、除くことはできないだろう。手書きの文章が含まれるのであれば、音声言語や音楽はどうなのか？　録音された言葉や音楽が含まれるのなら、記録されたパフォーマンスはどうなのか？　そして記録されたパフォーマンスが含まれるのなら、生のパフォーマンスは？

資料として見なされるものは、以下の四つの側面を持っていると想定できる。

1．意義。資料には現象学的な側面がある。表す対象に意義があると認識される資料は、それ自体としては本質的ではなく、重要なのは対象である。意味はつねに、利用する人によって構築される。

2．文化的コード。コミュニケーションはどんな形態のものであっても、送り手と受け手が共有しているもの（広い意味での言語）に依存している。

3．メディアの形式。さまざまに異なった形のメディアが発展してきた。文章、映像、数字、図表、アート、音楽、ダンス、等々。

4．物質的メディア。メディアには、粘土板、紙、フィルム、磁気テープ、パンチカードなどが含まれる。パスポートのように、それらが複数組み合わされる場合もある。

資料という位置づけは属性（1）で決まるが、あらゆる資料は文化的（2）、形式的（3）、物質的（4）側面を持っている。ジャンルとは、その文化的、歴史的な組み合わせである。デジタルという特性は、直接には物理的なものだが、しかし紙や印刷術の発明がそうであったように、及ぼす影響は甚大である。

資料としての性質を少しでも有するものをすべて資料と呼ぶことも、意味がないわけではないが、それを資料としてのみ考えなくてはならないということではない。たとえばリーキ（ニラネギ）は、つねにウェールズのシンボルというわけではない。逆も成り立つ。典型的な資料であっても別の利用法もある。本を戸口の上がり段として利用してもよい。こうした用法は物質的な属性に依存していて、資料としての側面は捨象されている。

情報テクノロジーの歴史

身振りや言葉は、それ自体としては束の間の出来事であり、局地的である。人の身振りを見、言葉を聞くためには、そのとき、その場にいなくてはならない。しかしテクノロジーの発達によってこの制約は打ち破られてきた。

書くこと

文字の使用によって口述言語は記録されるようになった。すぐ消えてしまうその場での音声言語を、新たに、長持ちする形に変えることができる。言葉や絵が長持ちすれば、将来においても使用でき、また、持ち運び可能となれば距離の制約も超える。書くことは、単に発話や身振りの記録にとどまらない。かつてあったことを記録したり（歴史）、しなければならないことを記録したり（予定表）、それ自体がオリジナルな表現もあり得る。

そうした場合、痕跡を残したり、他者が認識できるような証拠を残したり、自分自身のための備忘録にしたり、といった効果がある。書かれた記録は長く残り、その記録自体が読まれ得る限りにおいて、時間の制約を超える。

ある一つの記録は、原則的に、誰によってもどこでも読まれ得る。ある時点においては一か所にしか存在できないが、その影響は長く続く。書くことは、時間の影響を減らし、人工的な「外部記憶」として人間の記憶に代替物《オルタナティブ》を提供する。書くことの発明によって、永続的な証拠が提供されるようになり、コミュニケーション、制御、商業等が促進されたことについてはすでに多数の研究がある。今では「書くこと」のない世の中はもはや想像しにくい。

砂に書かれたものは波に洗われて消えてゆく。インクも褪せる。紙も、燃えたり、劣化したりする可能性がある。電子記録も非常に脆弱だ。しかしそうした制約があるにせよ、時間の流れに抗し、運搬によって距離に抗するという点で、「書くこと」は発話や身振りを超えているのである。

そうした制約があるにせよ、
時間の流れに抗し、運搬によって
距離に抗するという点で、
「書くこと」は発話や身振りを
超えているのである。

印刷

印刷によって文章の複製が可能となり、二つの影響をもたらした。一つは、一片の資料は運搬によって距離をかせげるにしても「一つの時点においては一か所にしか存在できない」という制約があったが、印刷によって複製が多数作られるようになると、一つの時点で多数の場所に同時に存在できるようになった。複製された部数が増えるほど、広く分布した人々にとっての利便性が高まった。利用にとってアクセス可能性が決定的な要因であることを考えると、これは重要である。

第二に、個々の記録は書き換えられたり壊れたりと改変に対して脆弱だが、多数あれば安全性は増す。複製が多いほど、そしてそれが広い範囲に拡散するほど、改変は困難になり、一つ以上無傷で残る可能性が増えるだろう。

記録を永久に残すことは人間の記憶に対する代替物《オルタナティブ》だが、多数の複製を残すことはさらに重大な結果をもたらした。印刷術によってルネッサンスが促進され、科学や近代国家の発展を見た。印刷術がもたらしたインパクトについても多数の書物が書かれている。

遠隔通信

19世紀以前、遠隔通信と言えば、人や馬、船などが良いもしくは悪い知らせを運ぶといったものだった。その後さまざまな通信技術、鉄道、電信、電話、無線、そして最近ではインターネットが、距離の制約を克服し、移動にかかる時間も短縮してきた。遠隔通信も印刷術のように、経営管理や商業プロパガンダを促進した。遠隔通信についても多数の研究がある。

コピー

テクストを書き写すことは、書くこと自体と同じくらい古くからある。18世紀には手書きの手紙を「レタープレス」で複写していた。これは薄く湿った紙を元の手紙に重ねて圧をかけるもので、手紙のインクの一部がそのまま湿紙に写される。19世紀になると資料を写真で残すことも行われたが、速く、安く、信頼できるやり方での資料のコピーは20世紀になってから発展した。フォトスタット（写真複写）、マイクロフィルム、静電気複写（ゼログラフィー、乾式コピー）の三種である（コピーからもコピーを作れるような方式が、作業量の点から望ましいと考えられた）。複写技術の歴史的・社会的インパクトについては、それほど研究が多くない。

フォトスタット（写真複写）はネガを介さずに直接感光紙で撮影を行うもので、その先駆者はルネ・グラフィンである。パリのカトリック協会に所属していたグラフィンは、シリア語で書かれた初期キリスト教の文書を編纂するためにこの技術を開発した。元原稿がネガで書かれ（黒い紙に白い字を書き）、45度の合わせ鏡を使って左右を逆転した。彼の発明は１９００年パリ万博で表彰され、ヨーロッパの図書館の中にはこの設備を備えるところも出てきたが、影響が広まったのは１９１０年に商業的に売り出されるようになってからだった。従来の手書きやタイプ書きと比べて、字と画像の両方を速く、正確かつ効率的に複写できるということが認識されていった。１９３０年代まで、フォトスタットは広く使われ、少なくとも複写する際の第一の選択肢だった。

マイクロフィルムは、普仏戦争時の１８７０〜71年に起きたパリ包囲の際に、ルネ・ダグロンが伝書鳩に持たせて敵陣をかいくぐり情報を伝えたことがよく知られている。しかし広く使われるようになったのは１９３０年代以降、コンパクトで正確なカメラ、標準的なフィルムのスピード、35ミリの安全フィルムが利用可能になってからである。銀行、新聞社、図書館などで、マイクロフィルムおよびその類似物が、大規模に使われた。

静電気複写は、ゼログラフィー（乾式コピー）という言葉の方が知られているかもしれない。フォトスタットの代替として開発され、１９６０年代から広く使われるようになった。今日では、複写やデジタル資料の印刷に、最有力の選択肢となっている。

さまざまな種類の原本から読みやすいコピーを作ることは、実際上では、画像の明確化と不可分だった。褪せた資料は、より読みやすくするために、明暗のコントラストを上げる必要があった。紫外線を使うと、再利用された中世の手書き文書の消された部分が露わになり、赤外線は検閲官がインクで上書きして消した部分を明るみに出す。こうした場合、もはや単なる複写以上である。人間は放射光もしくは物からの反射光を使って見ているから、読みやすいイメージは、光の中のコントラストが人間にとって最適なところにある。資料の写真によるコピーが、人間には読めない原本を読めるようにするための技術（異なる光、フィルター、蛍光、特殊な乳剤）へと急速に拡張されるようになったことは、驚くにはあたらない。

こうした技術の第一の効果としては、時間や空間の制約を減らす、ということがある。記録が次第に、いつでもどこでもアクセス可能なものとなり、そうでなければ忘れ去られていたであろう文書でも容易に読むことができる。こうした技術は、相互に高め合うだけでなく、組み合わされることもある。その好例が、写真を使って多数のコピーを作ることのできる「写真平版」（フォトリソグラフィー）である。

こうした技術の進歩は、蒸気機関や電気、写真、現在であれば特にデジタルコンピュータや情報通信といった工学によって促進されてきた。これらのテクノロジーのおかげで、大量の資料を作ることが可能になったのである。19世紀の人々は「情報洪水」を心配した。

19世紀の人々は「情報洪水」を
心配した。20世紀になると
「情報爆発」と言われるように
なった。そして今では、
「ビッグデータ」を前にして、
人間はみな「小人」(こびと)と化した。

20世紀になると「情報爆発」と言われるようになった。そして今では、「ビッグデータ」を前にして、人間はみな「小人」（こびと）と化した。

データセットの増大

学術研究プロジェクトからはデータセット（データの集合）が生じることが多い。しかし実際のところ、一般に、こうして生み出されたデータの再利用は難しい。研究資金を提供した組織が研究者たちに、生み出されたデータを保存し、外部からも利用可能にするための方策を義務付けていたとしても、である。

科学技術とは、仮説やモデルを構築し、試行錯誤し、実験と修正を繰り返す、建設的なプロジェクトである。したがって、それまでに行われた研究へのアクセスは最重要と言える。従来は、研究の成果は、映像や図表、見本などが含まれているとしても、主としてテクニカルレポート、論文、会議資料、書籍など、文章の形で公表されることが多かった。

紙に印刷された資料は、学界の規範（謝辞や引用）、テクニカル・ライティングや、特殊な出版社と流通のあり方、図書館と書誌学、カタログと索引といった分野で、ゆっくりと進歩してきたインフラによって、アクセス可能となった。こうしたインフラを築いてきたのは、学者たち、協会、図書館、出版社などである。20世紀の後半になると、デジタル技術が検索のために使われるようになった（「ケミカル・アブストラクト」「メドライン」「サイエンス・サイテーション・インデックス」など）。これらは問題も多いシステムであったが、一応は機能した。

そしてデータセットを扱うのに、これに代わるインフラは出現していない。もし五年前あるいは十年前に終了した研究プロジェクトを無作為に選び、そのデータセットを再利用しようとしたならば、うまく行かずとまどいや欲求不満が生み出されるだろう。

もしこうしたデータセットが、決定版の資料を例証する付録のように見なされているのならば嘆かわしいことだが、科学技術の世界にもデジタル化が浸透することによって、おそらく事態はもっと悪くなった。人文学においてさえも、有益な論文になるはずのものが文章化されずに、多くは文章以前のさまざまなデジタルデータのままになっている。こうした素材は、処理を施せば、当該分野のみならず、隣接分野の研究者にも共有されて有益な結果をもたらすだろう。このことは、研究自体の影響力を強め、文章による報告として使われるだけではなく、コンピュータを多用したデータ中心の学術研究を可能とするだろう。研究への投資からの収益が大きく増大する可能性があるのだ。だが課題も残っている。各分野でのテキスト・アーカイブを作ってきた、よい研究実践や、出版に関する規範や、図書館や、書誌学的なアクセスによるインフラは、記録の中での割合を空前なほどに伸してきたデジタル資源のためのインフラや、それに対応した研究実践により補完される必要がある。

研究者は通常、専門の中で狭い範囲の先端的研究をし、人間関係も専門分野内に限られている。専門分野の中の研究者は、大体は知り合い同士であるし、そうでなくても名前くらいはお互いに知っている。彼らは同じような教育を受け、チームを組んで仕事をし、会議で会い、同じ学術誌を読み、電子メールで連絡を取る。こうした非公式の人間関係が、公式の径路を通じたコミュニケーションやドキュメンテーションを、補完したり代替したりする。こうした人間関係は「見えない大学」と言える。しかしながら、先端分野を異にする間では、こうしたインフォーマルな人間関係は通常存在しない。分野が違えば同じ「見えない大学」に所属したこともないので、どんなことを誰に聞いたらよいのかさえ分からず、協力することもまずない。

研究者が自分の専門分野を乗り越えて、関連はあるが（彼らにとって）馴染みのない分野とデータや考え方を交換するならば、おそらく豊かな成果が得られることだろう。だからこそ、自らの教養に強く捉われている学界が多い中で、各種の研究基金や研究プランナーたちは、学際的な研究を奨励してきたのである。複数の専門分野で成果が上がる研究は、投資に対する収益も大きい。

巨大な科学プロジェクトや、社会科学における数値データ・シリーズの中で、良い成果を上げた実例も存在する。しかし、ほとんど資料を残さなかった研究もまた存在しているのだ。文章が書かれたのにその大部分が公表されず、知られぬままアクセスもできず失われてゆく、といった状況を想像すれば、問題の深刻さを理解できるだろう。何ともったいない！

実践的イニシアチブ

私たちの記憶力は、覚えておきたいことのすべてを覚えておけるほど優秀ではない。個人も組織も記録を必要とする。増え続ける資料は外部記憶の形で保存されるが、それは二つの結果を招く。一つには、資料の量が爆発的に増加し、複雑さも増えると、「何を信頼したらよいのか」という問題が発生する。第二に、こうした「爆発」に直面して、最も適切な資料を見つけ出し選択するには、五番目のベクトル（方向性）が必要になる。この第五のベクトルは、書誌学、ドキュメンテーション、情報更新、情報科学など、さまざまな名前で呼ばれる。

資料を集積したもの（図書館）は伝統的に、豊富な知識を持った学者によって管理され、そのときの目的にもっとも適した資料を彼らが紹介してくれた。しかしこれは信頼できない制度である。というのも、人間としての学者は忘れたり、移動したり、死ぬこともあるからだ。バイエルンの司祭から図書館員になったマルティン・シュレッティンガーはこの問題に気付き、個人に依存せずに、情報を見つけ更新する必要性を説いた。彼が図書館学（Bibliothek-Wissenschaft）という言葉を初めて文書で使ったのは１８０８年である。大英博物館の図書館のために蔵書目録作りを推進したのは、イタリアから政治亡命してきたアントニオ・パニッツィ卿だった。米国ではメルヴィル・デューイが、標準化された効率的な手続きを発展させていった。こうした図書館員のための近代的な技術は、19世紀末には相当に進歩を遂げていた。

しかしながら、図書館は一般に、収集する書物の量も、所蔵文書の細部に払うことのできる関心も、かなり限られている。１８９５年、二人のベルギー人、ポール・オトレとアンリ・ラ・フォンテーヌは、より完璧に近い解決策を目指した。彼らは文章、画像、地図、政府の記録、統計データ、手書き、フィルム、博物館の収集物などあらゆるメディアを、どこでもあらゆる人に提供する、完全で詳細なインデックス「世界書誌目録」を開始した。

ほとんどの著者が饒舌過ぎる、印刷された本は冗長でムダが多い、古写本（コデックス）

はページや行が内容のまとまりと一致せずデザインとして出来が悪い、といったことをオトレは見抜いていた。そしてひとたび印刷された本は、もはや機敏に訂正や更新ができない。オトレは、印刷された本から正しい部分を抽出して、新しいメディアを使った、よりよい、より柔軟な「本」に作り替えたかった。オトレと、ドイツの化学者ヴィルヘルム・オストヴァルト、イギリスの作家H・G・ウェルズが共有していたのは、必要なときに更新でき、主題ごとの索引で結びつけられた、事実を集めた小型の百科事典《エンサイクロペディア》という構想だった。当時、情報を集積する技術として、最も柔軟で、将来性があると見られていたのは、ファイリングカードだった。精巧に作られた「人工言語」である国際十進分類法を用い、各アイテムを詳細に説明し、トピックス、日付、起源などの点で他のアイテムとどのように関係しているかを示す。結果としてハイパーテキスト的なネットワークができあがる。しかしながら、カードの数が増えるほどに労働はきつくなり、数十年も経ってカードの数が数百万枚を超えると、もはやシステムとして維持できなくなってしまう。

　オストヴァルトはオトレに触発され、ノーベル賞の賞金を使って、知的活動のためのテクノロジーを発展させるための組織「橋（Die Brucke）」をミュンヘンに設立した。彼は記録された知識を効率的に呼び出すために、書籍や定期刊行物から事実や概念を抽出しようとした。必要に応じて新たな概念や事実が付け加えられ、要素が更新される。１９１２年には、オストヴァルトたちはこの構想を詩的な表現で「世界脳」と呼んでいた。作家のH・G・ウェルズも同様の考え方を推進していた。カードに簡潔に事実が記された、厳密に編集されたウィキペディアのようなものを想像してほしい。こうした「世界の記憶」は「世界脳」よりも正確なものだが、オストヴァルトが目指していたのはそれ以上だった。グーテンベルク式の可動活字が新たな語を表すために組み替えられるように、概念を組み替えることで新たな知識が生まれると期待していたのである。データマイニングの精神とも言える。

オストヴァルトとオトレは、システム、論理、標準、機械、効率性、進歩といった近代主義者の観点を提示したが、残念ながら当時のテクノロジーはそれに応えるものではなかった。知識についての単純な見方に基づいた、ユートピア的な構想とも言える。科学的な知識ですら、文脈を離れては、正しく理解はされない。しかし、「すべてを記憶するテクノロジー・システムがあれば十分」と夢想する人に対して、こうした構想は影響力があった。

後で使うときに生じる問題

過去に作られたデータセットを使おうとすると、さまざまな問題に直面する。ハードディスクが破損してバックアップもない、説明してくれる人がいないなど、克服できない障壁が立ちはだかる。問題をいくつかに類型化してみよう。

1. 発見。適切なデータセットが存在しているのか？
2. 場所。どこにコピーがあるのか？
3. 劣化。コピーは劣化していないか、あるいは、時代遅れで使えなくなっていないか？
4. 許可。使っていいものなのか？
5. 相互運用性《インターオペラビリティ》。適度な努力で使えるほど標準化されているか？
6. 描写。データが表すものが分かるほど明確か？
7. 信頼。系統、版、誤謬などが理解可能で、許容範囲内か？
8. 使用。私的な目的のためにこのデータセットを使用すべきか？

こうした問題は連鎖をなしている。データセットが存在していることを知っても、コピーできないかもしれない。コピーできても、使えないかもしれない。使えても、許可が下りないかもしれない、等々。何か問題が発生すれば、再利用できなくなる。

実際のところ、こうした問題への答えは単純なYes／Noには収まらない。肯定的な答えもそれだけで十分ではない。最終的に成果を得るのに要する労力は果てしなく大きい。決定は状況に左右される。「投資」をしようとする意欲は、成功から得られると見込まれる利益や、知られている別の選択肢や、コストや利用可能な資源に依存する。そうした状況では完全は目指されない。ほどほどの努力でほどほどの成果というのがしばしば行動原理となるのだ。

これらの障壁は種類も多様であるので、解決策もまたさまざまで、方針であったり、実践であったり、インフラや修復作業等々である。たとえばあるデータベースが、ある研究者から、「第三者が利用するには許可が必要」という条件のもとでデータセットを受け入れたが、この研究者が亡くなった（あるいはデータが利用できなくなった）場合の一貫した方針を欠いていた場合でも、何らかの納得のいく解決策は考え得る。

もとのデータ収集者が付与したメタデータが、それを後から使おうという人にとっては不十分、といった典型的な問題もある。時が過ぎ、もとの研究者が当たり前と見なして説明していなかったことが、分からなくなってしまうこともあるだろう。

最後の項目、「私的な目的のために、このデータセットを使用すべきか？」は、他の七項目とは違っている。この場合の問題は、データを使おうとする研究者の側にあるからだ。とはいえこの問題への答えも、上の七項目への答えに依存する面がある。それぞれにおいて、専門家が存在し、援助してくれる組織があるからである。これはデータセットよりも、テクスト文書についてさらにあてはまる。伝統的に書誌学はどんな資源があるかを明らかにし、カタログリストはどこに出版物があるかを知らせ、今では検索エンジンがその両方を手助けする、出版社は短期において出版物を提供するが、図書館は長期において出版物を提供する、等々。しかし、保存されているデータセットへのアクセスを手配するシステムは、未だ発展途上である。

書誌学再考

古代ギリシアでは、「ビブリオグラファー」（書誌学者）という言葉は、すでにあるテクストを写して新たな本を作る人を意味した。この言葉がヨーロッパに入ってから「図書館員」とほぼ同義で使われるようになった。19世紀に入ると、独自の技術を持つ分野として

「図書館学」が発展した。百年経ち、さらに厳密な書誌学の技法が発展した。本の中身に関する知的および文化的な関心が言われつつも、物理的な本自体の技術的な分析および説明が強調された。こうした「新しい書誌学」は、分析的書誌学、歴史的書誌学などの名前で知られるようになった。ところが20世紀半ばになると、「書誌学的接近《アクセス》」あるいは単に（広い意味で）「書誌学」という言葉が、紙に印刷された資料は、前にリスト化したような事柄を指すのに使われるようになった。パトリック・ウィルソンが１９６８年に出版した、資料の編成や選択をテーマにした古典的書物『二種類の力：書誌学的管理』の副題も、それを反映している。だがさらに用語法は変化して、広い意味での「書誌学」は、今度は「情報の組織化」といった言葉で置き換えられるようになった。現在では書誌学という言葉は、物理的な存在としての本に説明を付す、より狭い意味で使われている。こうした狭義の用法に反旗を翻したのが、ドナルド・マッケンジーの『書誌学とテクストの社会学』だ。歴史書誌学とテクスト批評の専門家であるマッケンジーは、二つの方法で、広義の書誌学のアプローチを説得的に擁護する。第一に、書誌学は本のテクストだけでなく、その解釈や社会的文脈まで扱うべきだとする。これはその通りになった。第二に、「テクスト」の中には、印刷された本だけではなく他のメディア（映画、地図、デジタルデータなど）も含めるべきだと主張した。本書でいう資料はこの意味である。ただこの第二の目標のためには解決すべき課題は多い。

デジタルデータの保存問題以外にも、注意を払うべき問題は少なくない。それを書誌学と呼ぶかどうかは別にして。

・豊かな説明：再利用可能なデータセットにつけられた説明（メタデータ）を改善し、拡張し、効率的にし、系統的に古いものと新しいものとを明確に区別し、注記の技術や標準化された用語やセマンティック・ウェブ（ウェブの有効性を向上させるために、ティム・バーナーズ・リーが提唱したプロジェクト）の他の要素を使って最大の相互運用性を実現するにはどうしたらよいか？

・言語を超えた相互運用性：英語とドイツ語というように、別の言語で書かれたメタデータのセットがある場合、言語間で手ごわい問題が発生する。同じ言語の中でも、専門用語の違いから、やはり（それほど厳しいものではないが）言語の問題が起こる。特に情報を更新する際には、こうした「方言」の問題は厄介だ。コンピュータを使った言語学が役に立つだろう。

・調和化：「標準」には限界があり、柔軟性を欠いているが、長い目で見れば相互運用性を通して効率的な資源配分が可能となる。多重的なトレードオフがある。

・一貫性：収集された分量が増え、メディアとしても紙ばかりではなくなると、個々の資料を見つけることは難しくなる。データの説明ばかりでなく、多くのデータセットに共通する問題や性質についても、焦点を当てる必要が出てくる。たとえば、

↓どこか？……データの場所や位置、位置情報の付与（georeferencing）
↓いつか？……時代や暦の上の日時、位置時間情報を使ったコード化（geotemporal encoding）
↓データの由来……データをその起源までさかのぼり正当化する必要性
↓時間を通した境界問題……政治的な境界（国境等）の変化、不安定な生物学上の分類など
↓存在論《オントロジー》、分類学《タクソノミー》、語彙……相互運用のためにはこうした事柄が共有されていなくてはならない

これらの問題は、あらゆる種類の文化資源にあてはまるだろう。

世界脳およびその他の想像

オストヴァルトやウェルズなどは、自らの百科事典《エンサイクロペディア》的な大構想を「世界脳」と表現し

たが、これは比喩である。実際の脳には似ていないし、そのような機能も持たない。百科事典を外部記憶と呼ぶのはそれよりは近いが、しかし人間の記憶は関わっていない。記録《レコード》は、発見され読まれれば、部分的に人間の記憶の機能を果たすだろう。ディスクドライブやその他の情報蓄積メディアも、「記憶」と表現される場合があるが、人間の記憶は実際には創造的行為である。人間が文脈の中で何かを思い出すとき、そのたびごとに、細部や解釈などわずかずつ違ってしまうのだ。人間は記憶することができるが、テクノロジーにできるのは記録だけである。人間は意味を表現するが、資料は言及するだけだ。

ちょっと考えてみると、情報に関係する言説には比喩的な表現が多いことにすぐ気付くだろう。こうした比喩的な表現は、手助けにもなるが、本質を隠蔽もする、両義的なものだ。「外部記憶」「世界脳」といった言い方も、無生物に対して人間のような属性を与え、情報に生命があるかのように示唆する。テクストに「内容《コンテンツ》」があり、資料が私たちに「伝え」、コンピュータが「考え」、「ミーム」(文化の中身を遺伝子になぞらえた、生物学者リチャード・ドーキンスによる表現)が影響されやすい心の間を飛び回る。比喩は理解を助け、より適切な用語に向けてのステップになるが、それが喩えであることを忘れてしまうと、容易に混乱やナンセンスを招いてしまう。

まとめ

「情報」という言葉は通常、ビットや本などの物理的な事物、もしくは、広い意味での資料といった、意味を担う物理的な物事を指す。そして資料とは、何かの意味を表現するために作られた、文章であったり図像であったりする。とはいえ、ウェールズの人々のアイデンティティを示すリーキ（ニラネギ）のように、ほとんど何でも資料になり得る。意味は受け手によって構築されるとする意味論的な観点から言えば、どのようなものでも意味を担う可能性があり、その意味で「資料」となる。したがって資料を証拠だと捉えれば、非常に幅広い物事や行為が、この拡張された意味での「資料」の役割を果たすであろう。文書とされるものは、物理的な形態を持つだけではなく、共通した理解（文化的コード）に依存した意味を持たなければならない。先史時代以来、重要となったテクノロジーは、書くこと、印刷術、遠隔通信、コピーの4つである。資料とされるものが増えてきたことで、それを編成する必要性や、どれが信頼できるものかを見極めるという課題、問題点と可能性の両方を描き出す想像力に富んだ隠喩表現などが出現した。データセットもまた資料の一種と言えるが、デジタルのデータセットを長期にわたって利用可能にするインフラは、印刷物と比べて未だ発展途上であり、課題も多い。学術上の実務や、書誌学と呼ばれる分野は、それに合わせてアップデートする必要がある。

次章では、私たちが個人や集団でいかに資料を利用するかに、より細かく焦点を当てる。情報の利用にはつねに、物質的、精神的、社会的側面が存在する。

第3章

個人と共同体《コミュニティ》

環境の変化に気付き、それを他者に知らせること。これは生き残りのための基本的な能力と言える。人間の社会では、こうしたやりとりの大部分は資料を通じて行われ、その量はさらに増えつつある。「共同体が何かを知っている」というとき、それは、その共同体の誰かが知っている、という意味である。集団内の知識に影響を及ぼす能力は、政治的、経済的、実践的に重大な帰結をもたらし得る。「人々が知っていること」は文化の構成要素であり、知る、信じる、理解するといった事柄は、文化的な文脈の中で起こる。その意味で情報はつねに、身体的、精神的、社会的な側面を有し、しかもこの三つは切り離すことができない。

個人がすること

あらゆる生物にとって、生き残るためには、環境の中で起きた異変に気付き、適切に対処する能力が必要である。たとえば、水分を求める単細胞生物、光を求める植物、食物を求める昆虫、危険な捕食動物を避ける哺乳類。知的な議論に参加する人間もそうかもしれない。いずれの場合でも生体組織が知覚を伝える。生き残り、快適に過ごすことは、正確な知覚に依存しているが、組織が正確に知覚し正しく解釈する保証はない。知覚されたものが魅力あるもの（食物、温かさ、避難所、友人候補など）なのか、それとも脅威（捕食者やその他の危険）なのかに従って、生物の反応は当然多様である。魅力的に見せたり騙したりして、他の個体を思い通りに動かそうという試みは多々あるが、もちろん意図通りにうまく行くとは限らない。

知覚、認知、反応というプロセス、さらに他の個体の知覚、認知、反応に影響を与えようという試み（知ったことを他に知らせる）は、社会における情報の根本である。あらゆる共同体、あらゆる社会、あらゆる協力関係は、成員間の相互作用やコミュニケーションを通じて機能し、またそれに依存している。身振りや音を通じて相互作用する動物においても、これは明白である。先史時代の人類は、言葉、踊り、身振りや絵を通じてコミュニケーションを行っていた。人間と他の動物を分かつのは、使う言葉やイメージ、事物などを使用することである。

個人は資料で何をするのか？　時空間を超えるコミュニケーションを行ったり、無知を減らし確信を強めたりする。自分や他人のため、現在や未来のために、何かを記録する。完全に美だけを目的とする場合もあるかもしれない。娯楽やスピリチュアル、セラピーといった目的のために、読んだり見たり書いたり描いたりすることもあるだろう。私たちは、自分の周囲で何が起き、どんな働きかけを受けているのかを知覚するため、環境を観察している。関心あるものの変化についていこうとし、扱いたくないものや扱えないものは避ける。こうしたことは個人的な行為である。それが他の人やしくみに影響を与える可能性があるとしても。

共同体が知っていること

共同体が知っていることについて語るのは、便利であり、有益でもある。特別な知識を持った共同体の例は多数ある。ある製造会社の従業員、あるクラスの学生、ある村の住人、ある部局の公務員、ある学問分野の学者たち、等々だ。たとえば写真家はｆ64の意味を知り、チェコ人は１６２０年の「白山の戦い」を知り、医者は病気の治療法を知り、キリスト教徒はイエスが人類救済のために死んだことを知っている。こうした共同体の外部にいる人間は、そのことを知らないか、もしくは別の考え方をしている場合が多いだろう。

厳密に言えば、何かを知ることができるのは個体だけであって、その個体が死ねば知識は失われる。しかし、人々が同じもしくは非常に類似した知識を（おそらくは互いに学び合って）共有していれば、その中のある個人が死んだとしても、同じ共同体に属する他の人々の中にその知識は残っている。ごく単純化した言葉で言えば、知識の「一般化」(generalization) ということになるだろう。ある共同体の全員もしくは大部分（少なくとも多数）が知っていることを表すのに、この言葉は便利である。そして、他の集団が同じ事柄について知っていることとは、大きく違っている可能性もある。こうした知識の違いが、二つの集団を分かつ大きな要因になる。

共同体の中で知られていることは何かを決定しようという試み（時に「ドメイン分析」と呼ばれる）は、不正確なものにならざるを得ない。誰が共同体に含まれるのかは必ずしも決まっておらず、程度問題である場合も多い。さらに、共同体という概念自体が単純に過ぎる。個人間関係にはさまざまな種類があり、ある時点で個人は、複数の変化しつつある共同体に属している。個人が知っていることを明確にするのも難しい。私の知識の中で記録によって裏付けられるものは一部である。記録は共同体の中で他者にも共有される。資料は、共同体を構成し、知識を共有するのに有用だが、個人の知識は不完全にしか反映していない。共同体に関わる資料の方が、共同体に属する個人自体より利用しやすいし、扱いやすくもあるが、当然ながら資料は個人ではないので、このアプローチは間接的で不完全であるというリスクも認識しておかねばならない。

しかしながら、「ある集団が知っていること、もしくは信じていること」は、政治的、経済的、実践的に大きな結果をもたらす。ある共同体で何が知られているかを理解することで、その共同体が、新しい発展に対してどう反応するのか、災害に対してどう対処するのか、特定の変化を進んで受け入れようとするのか、といった事柄を予測するのに役立つのだ。それを見つけ出す強い動機がある。「何が知られているか」を確かめることは役に立つのである。「ある共同体が知っていること」に影響を及ぼすことができるのは大きな力の源泉であり、第1章で挙げた課題のリストにも反映している。

「会社が知っている…」とか、「米国が知っている…」といった言い回しは通常、その指導者が（たとえ他の成員が知らなくても）何かを知っている場合の比喩として使われる。こうしたメカニズムをより詳細に理解し説明するためには、文化の役割に注目しなくてはならない。

文化

「文化」という言葉は、オペラやクラシック音楽、美術展といった、優雅だがお金のかかる、エリートが行う「高級文化」を指す場合が多い。しかしながら学問において「文化」は、それと違ってより広い意味を持つ。私たちの送る日常そのものを指すのである。エドワード・テイラー卿は１８７１年に、「文化あるいは文明とは、広い民族学的な意味では、社会の成員が獲得した知識、信念、芸術、道徳、法律、習慣などの能力もしくは行為を指す」と古典的な定義を行っている。それ以降の定義もおおむね似通っている。私たちの定義にとって重要なのは、こうした広い意味において、「各成員が知っていること」は、話し方や服装と並んで、文化の重要な構成物をなすということである。「各成員が知っていること」や「コミュニケーションのあり方」の違いが、文化の違いなのである。

世界のすべて（すべての場所、制度、建物、出来事など）を知っている個人はいない。すべてのメディアや出版物に個人で接することはできない。一人の人が知っていることは、「知り得ること」と比べて小さい。その代わり私たちは、家族や友人といった限定された人間関係を持っている。私が知っているのはおおむね、住んでいる場所の近隣や、旅行したときのルートや、通った学校や職場などだ。異なった多様な共同体に重複して参加しているとはいっても、個人の世界は「小さな世界」である。

もちろんその中でも違いはあり、特に他の人より小さな世界にいるであろうと推測される人々(たとえば孤島に住んでいる人、独房に入れられている人、介護住宅に入れられている高齢者)もいる。私たちは普通、家族や親戚、友人、教師、同僚など周囲にいる人々からいろいろなことを学ぶ。つまり私たちの知識や、コミュニケーションの様式や、理性の働き方は、文化的にこうした「小さな世界」の中に位置付けられており、「最も小さな個人的世界」でさえも複雑なものである。事実を検討するところから、こうした状況が生み出すものを例証することができよう。資料は証拠になり、証拠は事実を示唆する。

ポール・オトレの描いた構想についてはすでに記した(39ページ)。オトレの考え方は、1930年代半ばに彼が出版した二冊の本にまとめられている。その頃ポーランドでは、生物学者のルドヴィック・フレックが著書『科学的事実の生成と発展』の中で、オトレが構想した「事実を簡潔にまとめた百科事典」が、本質的に不適格であることを説明していた。フレックは、文脈を取り去って過度に要約した記述は、誤解を与えやすいと主張している。文章は、著者、テクストそれ自体、さらに著者の文化的文脈や習慣の、三つを考慮

私たちの知識や、コミュニケーションの様式や、理性の働き方は、
文化的にこうした「小さな世界」の中に位置付けられており、
「最も小さな個人的世界」でさえも複雑なものである。

して理解しなくてはならないというのが、フレックの持論である。その上テクストが読まれる際には、読者の文化的文脈や習慣を使って読まれる。したがって実質的には「フレック効果」は二重である。すなわち、作者、テクスト、作者の文化的文脈だけでなく、読者、テクスト、読者の文化的文脈の影響もあるのだ。作者と読者の文脈の違いから困難が生じる。古代や中世、ルネサンス期に書かれた文章が難しいのは、作者の持っている知識や思考方法が、われわれにとって多かれ少なかれ馴染みの薄いものだからだ。同時に、私たちが書いたものは彼らにとって、やはり難しいだろう。現代世界に馴染んでいないからだ。文脈は重大なのである。

フレックの他にも、共同体の中で知識がどのように発展するのかを検証した人はいる。こうした分野はしばしば社会認識論（social epistemology）と呼ばれる。そこには、集合的記憶（あるいは社会的記憶）に関するモーリス・アルブヴァクスの研究、ミシェル・フーコーによる「知の考古学」、トマス・クーンによる「科学革命」や「パラダイム・シフト」概念、さらには資料に関連する行為の表面的な現象の量的分析（計量書誌学）まで含まれる。

私たちが過去の出来事をどのように理解しているのか、というのも重要な領域だ。「過去」「歴史」「遺物（heritage）」の三つを区別することが有用である。過去（すでに過ぎ去ったこと）にはもはやアクセスできない。そこには行けない。歴史（history）とは、その語が示すように物語（story）である。過去についての叙述的な主張であり、つねに描写的で、解釈を含み、「ある視点」からのものであって不完全である。遺物とは私たちが過去から得たものや、過去についてのもので、遺伝子、有毒廃棄物、貴重な資料、好まれる歴史物語などが含まれる。

「歴史的知識」はその中で興味深いケースである。私たちが過去から切り離されていることは明白であり、過去の痕跡（古い資料、考古学的な発見物、誤りやすい記憶など）の意味付けは明らかに解釈に依存している。もっとも歴史以外の分野でも、程度の差こそあれ、こうした性質（アクセスできない、解釈に依存する）を共有していることがある。いずれにせよ解釈は、文化的な文脈の中で作られる。

他者の行為としての資料

複数の学者が同時に、しかし違う場所で、同じもしくは非常に類似したテーマについて研究しているとする。そうした場合、一か所に集まって、意見交換したり相談したり、気付きの共有をすることは、便利かつ有用であろう。しかし、仕事場まで一つにしてしまうことは、たとえ経済的・制度的な障害が克服できるとしても、おそらくあまりないだろう。

私のスペースに他人は来たがらないだろうし、来ることは（厳密には）不可能だ。もし前向きな協力者が私の仕事場まで来たとしても、このやり方を無限に拡張することはできない。協力者同士が空間の共有をいやがるかもしれないし、協力者の協力者…の中には私が関心を持てない人もいるかもしれない。明日になれば私の関心が変わって、別の人と協力したいと思うこともあり得る。その次の日にはまた関心が変わるかも。

困難は他にもある。関心を共有する研究者の存在が分かったとしても、その研究者の所在地が分からなかったり、別の言語を使っていたりするかもしれない。時間の問題もある。その研究者が、私たちと共有するテーマについての関心をすでに失ってしまったかもしれないのだ。死んでしまった可能性さえある。

実際問題私たちは、他の学者と資料を通じてやりとりをする。せいぜい私たちは、他の学者が書いたものや、さらにそれについて書かれたものを使って、研究を進める。他の人の考えや業績を知る手段として、生き残ったのが資料なのである。現代のテクノロジーが過去の発明家たちの達成の上に立っているように、資料は過去の学者たちの考えや業績を（選択的に、かつ不完全にだが）具体化したものだと言い得る。

社会的なものと個人

資料は広く社会的なものと見られているし、それは正しいだろう。資料の「社会的生命」といった表現や、資料を「社会的なもの」として定義したりすることにそれが現れている。資料の社会的役割については第1章でも強調した。とはいえ、資料を利用する局面は、厳密には個人的、私的なものである。日記を書く、娯楽のための読書をする、ある種の個人的な記録をつけるといったことは、他者が見ることを想定しておらず、そうしたとしても理解できないだろう。資料が社会的なものだと言うことは、間違ってはいないのだが、不完全である。「社会的」を「文化的」に修正しなくてはならない。「文化」には集団的行為と個人的行為の両方が含まれるからである。

社会は個人から構成されており、資料を利用するのも、正確に言えば社会ではなく個人である（プロセスの一部は機械に委ねられているとしても）。何らかの目的のために資料を作るのも、資料を理解もしくは誤解して認知的・感情的な影響を受けるのも、個人である。二人以上の個人が資料の作成や修正に関わったり、二人以上の個人が同じ資料に同じように反応したりしたとしても、個人の集まりであることには変わりがない。にもかかわらず、資料の個人的な利用自体が、通常社会的なものなのである。行為自体が文化的であるからだ。私たちが資料を読むときには書き手と関わっているし、書くときは読み手と関わっている。そうであるべきなのである。

情報の物理的、精神的、社会的次元

情報に物理的、精神的、社会的側面があることはもはや明らかだろう。私たちはここで、情報の三つの次元について概観し、それらの間の関係についても記していこう。

物理的次元

資料は、何かを意味するなにものか、と見られている。テレパシーや霊感といった、超感覚的なものまで話を広げない限り、それは物理的、物質的な存在である。時折、電子的な記録は非物質的（ヴァーチャル）なものだと前提にしたり思われたりするが、これは間違いである。電子システムも物理的なものだ。電気力や磁力がなければ機能しない。

テクストとか作品を抽象的な意味で使うこともあるが、それが存在できるのは何らかの物理的な実体があるからである。情報システムが人々に情報を伝えることができるのも、物理的なモノを通してである。工学的な情報システムはすべて、物理的な記録を基に作動する。それが印刷物であれ、パンチカードの穴であれ、磁気テープ上のビットであれ、光パルスその他であれ。

情報に物理的な側面があるということは、それが一定の時空間の中に存在していることを意味する。空間的側面で言えば、あらゆる資料はどこかの物理的空間を占めており、物理的空間にあるものはすべて、難易度に差はあっても原則的に、別のところへ動かすことができる。資料の持つ時間的側面もまた重要だ。テクストを読んだり、音声を聞いたりするには時間を要する。映画やある種のパフォーマンスなど、時間に従って変化するように設計されている資料もある。

時間が経つにつれて、物質は変化を余儀なくされる。それゆえ、安定性や同一性維持は実利的に重要である。電子的記録も、消失・変質しやすい脆弱性を持つ。文字、印刷、遠隔通信、複写といったテクノロジーの進歩は、時空間の制約を超えていこうとする絶え間ない努力と見ることができる。

精神的次元

精神的な次元は、資料であるための必要条件ではあるが十分条件ではない。意味があるかどうか定かでないものでも、誰かが見て「意味がある」と感じることはある。スザンヌ・ブリエは、資料とドキュメンテーションを説明する中で、資料が証拠を構成すると述べている「資料は事実を支える証拠である」(1951／2006、9)。彼女は原語ではフランス語の preuve を使っているが、これは英語の proof (証明) に相当し証言や証拠も指す。

資料としての地位 (実質的、潜在的に何かの証拠となる) は個人的なものであり、個人が精神で判断するので、主観的と言える。こうした認知は生きている精神だけに起こるものだ。だが生きそして学ぶあらゆる生物にとって、知っていることが変われば認知もまた変わり、この変化は死ぬまで続く。認知の結果は測定できるけれども、認知それ自体は、観察も測定もできない。

社会的次元

社会的という形容詞は資料に関連して広く使われる。「資料の社会的生命」(たとえば Brown and Duguid [2000]) や「社会的痕跡」としての資料 (たとえば Ferrais [2013]) といった言い方が見られる。しかしもし、資料から (心的過程を通して) 情報を知ることができるのは個人だけであると仮定するなら、社会的なものを精神的なものから区別するのに注意が必要となる。複数の個人が精神的な活動を行うことを「精神的」として「社会的」と表さないのであれば、「社会的」という言葉が含むのは「知識の社会学」、とりわけ、二人以上の人間が現実を理解するのにお互いに影響を与え合う相互作用ということになるだろう。

著書『現実の社会的構成』（1966）においてバーガーとルックマンは、主観がいかにして客観となり、しかめ面などの表情や、短刀を持つなどの身振りや、会話を通じて他者に理解可能となるかを、詳細に論じている。バーガーとルックマンが言語の持つ力を強調したのは正しいが、一つ付け加え忘れたことがある。コミュニケーションの最重要の要素である言語は、大部分が資料の形となっており、その割合はますます増えている。この点が明確にされていれば、資料やドキュメンテーションに関する研究は、この50年間、もっと注意を向けられただろう。

「知識の社会学」における中心概念は「間主観性」である。個人は、主観的な考えを、他者が客観的に認知し得るものに変換できる。たとえば敵対的態度はしかめ面や、武器の威嚇的利用や、怒った言葉によって他者に客観的に伝わる。他者はそれを主観的に解釈し、反応し、それにしたがって応答する。かくして、主観的理解が二者もしくはそれより多い個人の間で、関係しながら、弁証法的に展開してゆく。こうした、多少なりとも共有された主観的理解（間主観的理解）が、あらゆる社会集団の共有された文化の基盤を形作る。あくまで個人の主観的理解ではあるのだが、それが共有され、その意味で社会的となるのである。
こうした社会的次元は、チームワークや、強制まで含めた、「共同的行為」の中に反映されている。社会的集団には多重性や複雑性、ゆらぎがあることも銘記しておくべきだろう。

物質的および社会的次元

あらゆる共同体には分業があり、それが専門的知識の社会的析出をもたらし、成員たちは次第に二次的知識への依存を深めて行く。文字、印刷、遠隔通信、コピー、コンピュータといった資料技術の発展は、労働の社会的分業を可能にし、通常「情報社会」とされるものを現出させた。

テクストを作り出すのは、一人の個人の精神的な努力かもしれないが、モノとしての資料は多くの人の行為の結果として生まれる。紙に印刷された書籍には、紙の製造業者、印刷業者、出版社、植字工、製本者、書店など多くが関わっているものだ。金融、輸送、その他のインフラも本の多様な流通を支える。さらに読者がいなければ、本は出版されないだろう。

経済的、法的、政治的な手段などを使って間接的に精神的活動を奨励したり制限したり

文字、印刷、遠隔通信、コピー、
コンピュータといった資料技術の
発展は、労働の社会的分業を
可能にし、通常「情報社会」と
されるものを現出させた。

(後者の方が普通）する情報政策の分野では、社会的次元と物理的次元とが組み合わされている。知的財産権や、教科書採用や、プライバシー、剽窃、技術標準、国家安全保障に関する規制などがそれに含まれる。「機会」を左右することで、精神的な活動に間接的に影響を与える。

社会的および精神的次元

人間の行為は「自然」と「養育」とに由来する。なかでも精神的な行為は、深層で、養育すなわち他者から直接間接に学んだことに影響を受けている。養育は社会的なプロセスである。文化や文化財は社会的に生み出される。フレックが強調したように、書かれたテクストを理解するには、作者の置かれた文化的文脈を考慮しなくてはならない。資料には物理的、精神的側面があるが、精神が機能するプロセスには文化を通して社会が関わっているのであるから、資料も精神を通して間接的に社会的次元を持つと言える。この一事をとってみても、あらゆる資料が精神的、物質的側面だけでなく、社会的側面を持つと言うことを正当化できるだろう。

物質的、精神的、社会的次元

ここまで二つの次元をペアにして考えてきたが、いずれにせよ遅かれ早かれ第三の次元が絡んでくる。私たちは手助け、説得、管理などさまざまな目的のために資料を使うし、使う必要があるのだが、その際にはこの三つのアングル（社会、物質、精神）がいずれも直接使われている。

まとめ

学習、確認、交流、記録、娯楽、観察など、個人はさまざまな目的で資料を利用する。いやなことを避けるため、という目的もあるだろう。私たちのコミュニケーションは、その多くをメッセージや資料に依っている。したがって、それをどのように利用し、理解するかは、文化の大切な一部である。私たちはそれぞれ、小さいながらも複雑な世界に住んでいる。私たちの文章の読み書きや理解は、文化的文脈の中で起きている。事実でさえも文脈の中で理解されなくてはならない。

次章では、資料が整理と説明を通していかに組織化されるかについて見ていこう。

第4章 組織化：整理と説明

誰もが気づいているように、あらゆる種類の記録の量は膨大となった。しかし、特定の時点で特定の人にとって重要な記録はごくわずかである。二つの難問がある。非常に多くの知られていない記録の中から、ある目的のために重要な書類が存在するのかどうか、どのように探るのか？　そして特定された書類をいかに入手するのか？　必要な書類、欲しい書類がいつでも手元にあるのなら、「情報爆発」も問題にはならない。しかしそれは実現しそうもない。何とか見つけ出さなくてはならないし、見つけ出したものが意味を持つのは、それが有用なやり方で整理されていた場合のみである。すでに特定した書類を見つけ出すことは、いわば技術的・実務的課題である。より難しいのは、どの書類がもっとも目的に叶うのかを特定することだ。通常これは二つの段階に分けられる。コレクションの作成と、その中の検索である。

記録を伝えていくために、収集は利用と同じように必要である。記録の規模が大きくな

必要な書類、欲しい書類がいつでも
手元にあるのなら、「情報爆発」も
問題にはならない。

るにつれて、組織化は難しくなる。要素が一つ二つであれば、組織化は必要ない。しかし数百や数千ともなると、素早く取り出すためにどこにあるのかを覚えておくのはまず無理だ。この問題は、説明と整理という補助的な手段を使って対処する（俗に「マーキング・アンド・パーキング」という）。将来のあらゆる用途を予想して、書類に説明をつけておくことは難しい。整理の基本メカニズムは「一致《マッチング》」である。資料に説明をつけ、説明にあったクエリ（クエリとは、データベース内を検索するためのキーワード）を付与する。

コレクション

私たちは手元に置いておきたいものをコレクションするが、その際に基礎となる考え方は、「利用した場合にどのくらいの価値が見込めるのか」「必要になる可能性はどのくらいあるのか」であろう。コレクションには四つの違った目的がある。

1 保存

少なくとも一部は記録を残しておかない限り、証拠はなくなってしまう。何にせよ、「最後の一部」は代えがきかない。したがって、将来使われる見込みが小さくても、慎重に保存しておいた方がよい。歴史上、嘆いても嘆ききれない喪失は多い。古代ギリシアの演劇や、かつてのサイレント映画の多くは失われてしまった。税金の是正を行うといった実利的な目的でも、記録は残しておかなくてはならない。コンピュータ・ファイルでバックアップを取っておかなかったことを嘆いたことのない人はいないのではないか？

2 ― 利用と需要

コレクションにはまったく別の理由もある。正確に予想するのは無理だが、多少なりとも、将来に利用されることを予期するからである。コレクションの主たる便益はその利用にある（利用されたくないというのなら別だが）。所有者側の意図と適合する限り、コレクションが需要のパターンと密接に一致しているほど、便益は大きくなる。

保存と利用との違いは、図書館による書籍のコレクションを見れば一目瞭然である。蔵書がまったく同じ図書館はないが、類似した使命を持った図書館（大学図書館、公立図書館など）は蔵書も似る傾向にある。同じような嗜好の共同体に奉仕しているからだ。これは適切である。本がある地域に存在するということは、図書館サービスの質の中心であろう。もし国レベルにおいて、各書籍は二部か三部だけ残しそれ以外は廃棄するといったことになったら、図書館のコレクションの大部分が失われ、使命を果たすことができなくなってしまう。

3―展示

表明された需要とは無関係に代表的なサンプルを展示するというのも時には有用である。販売カタログはその大部分もしくは全部が売り主側のおすすめだ。美術館や博物館は、さまざまな流派の芸術や動物の標本を見せてくれる。図書館も棚を意識して「バランスの取れた」コレクションを提供しようとする。それは利用者に、ふだんあまり気づかない、自分にとって新しい本や見方を見つけてもらいたいからである。

4―資産

コレクションは上記の三つの視点からだけでは役割を十分に説明できない。コレクションには資産としての側面もある。例外的なくらい完全な、図書館や美術館、博物館のコレクションは、たとえその費用が利用によっては賄えないものだとしても、運営している組織に大きな権威を与える。スキャンした本や、録音した音楽や、売上や交通パターンの記録も、戦略を支援し売上を上げるという点では、資産を構成する。

以上に挙げた四つの役割は、互いに無関係なものではない。それらは投資の優先度を争い、相矛盾する面もある。利用を優先したデザインは、保存には有害かもしれない。図書館の収集ポリシーは、請求に応えて遠隔地に貸し出すといった役割と、司書が利用者によかれと思って展示するといった役割との、トレードオフが通常見られる。思うに後者は家父長制的《パターナリスティック》なものだ。利用可能なサービスを知ってもらい、共同体を向上させようとの使命を反映している。図書館のような他者を利するところでコレクションがなされる場合、読者にとって価値のあるものと、利用者が求めるものとの間の妥協となる。

整理とリスト

資料の量が増えるにしたがって、それを整理し説明するための労力も大きくなり、そうした仕事を表すためにたくさんの異なった名称が必要になる（選択、収集、整理、索引付け、その他）。文献学、ドキュメンテーション、情報科学などが広い意味でこの領域を指すのに使われてきたが、それ以外にも特化した分野を指す名称が多数ある。

収集した資料の整理は可能だが、一種類の整理であらゆるニーズに応えられるとは限らない。トピックごとの整理では著者は隠れてしまうし、逆もまた真である。実用的な解決策は、資料の短い説明文を使って、付加的な整理を行うことだ。別の言い方をすると、コレクションに多様な索引をつけるとも言える。各索引（リスト）もまた、資料の説明のコレクションとなる。

リスト化された資料は、著者、日付、タイトル、トピックなど、さまざまな方法で整理される。リストによって、他の多様な整理方法が簡単に使えるようになる。こうした活動を伝統的に「文献学」と呼ぶ。私たちは通常、文献目録を一つのリストと考えているが、この「一つのリスト」は複雑な方法で整理できるのである。

コレクションの組織化は、規模に従って難しくなる。アイテムが一つ二つならばよいが、何百何千となると、目的を持った体系的な組織化をしなければ、どこに何があるのかを即座に想起し、見つけ出すことは事実上不可能である。一つ一つアイテムを取り出して、これが最適なのかを検討しなくてはならないかもしれない。もし数が何百万にもなったら、その大変さは推して知るべしだろう。この難問は整理と説明で解決する他ない。

説明

資料には通常、説明文が要る。一見しただけではその特徴が分からないかもしれないし、中身が見えないかもしれない。付加された説明文は、資料を選択するための基礎となる。たとえばある本を見ただけでは、それより新しい版が出ているのか不明だが、説明には版に関する情報も記載しておける。また、似た資料がある場合には、説明文の中で互いに関連づけておける。資料に付加されるこうした説明を、より一般的な用語では「メタデータ」と呼ぶ。資料についての説明、あるいは一般に、データについてのデータ、ということである。

司書たちはカタログに説明を書くが、書棚の分類整理もまた「説明」と言える。資料にトピックをつけ、資料をトピックごとに分けて置いておくことが中心だろう。ロバート・フェアソーンの派手な言葉遣いではこうなる。

あらゆる情報更新システムは、何らかのマークを必要とする…色を塗る、穴を空ける、スカンクに紹介する（臭いをつける）など、マークで性質を外から分かる仕方で変えるのだ。私は「刻印」と言っている。

あるいはさかさまにする、片側に寄せる、巣箱に入れるなど、周りとの関係で相対的に変える方法もある。これを私は「整理」と呼んでいる。もっと砕けた言い方では、「マーキング」と「パーキング」が分かりやすい（Fairthorne 1961, pp.84–85）。

名前（やマーク）はコレクションに不可欠である。それらは必然的に言語表現だが、これから見ていくように、私たちに制御できない対立や困難をも発生させる。

資料の「説明」には三つの機能がある。

1．資料の性質を描き出す。それがどんな種類で、何を対象とし、どこに由来するのか、など。

2．オリジナル資料の代わりをする。ある目的のためには、代わりのものでも十分な場合がある。たとえば不完全な引用を確認するには、文献目録やカタログでも足りるかもしれない。

3．資料間の関係を表す。二つの資料の著者が同じならば、著者を共有するという形で関係づけられる。二つの資料が同じテーマ（たとえばマルタ）を扱っているのであれば、主題という点で関係づけられる。何らかの性質が共通している資料を、伝統的に「セット」（組）と呼んでいたりしたが、近年では、「ネットワーク」や「グラフ」、共通の性質を「リンク」で表すことが増えた。

説明文の目的は、同定と選択である。選択は利用目的に依存するが、目的のすべてを事説明文の目的は、同定と選択である。

前に、十分に予測できるわけではない。説明文をつけるという行為は、その説明がサポートする目的と期待される利用、そしてコストとの間でのトレードオフになる。以下に説明文が満たすべき重要な条件を挙げる。

1. その資料が証拠としてどのような意味を持つのか説明する。何についての資料、データ、モノなのか？ 資料は何を論じているのか？ データは何を描いているのか？ モノは何を示しているのか？ 誰が作ったものか？ 何の役に立つのか？ このコレクションに入ることでどのようなニーズが想定されたのか？
2. 資料の物理的な形態の説明。印刷された本なのか、デジタルのテキストファイルなのか、生物標本なのか？ 以下のような説明は有益だろう「24巻本」「エクセルの表計算シート」「乾燥圧縮標本」「キャンバスに油彩」等々。起源や系統、版は？ 保存状態はどのくらい良いのか？
3. 実際の管理に関わる情報。現在どこにあるのか？ 利用条件は？ 誰が所有権あるいは知的財産権を所有しているのか？

説明については「メタデータ」として、第7章でさらに論じる。

あまり簡単ではない！

二つの実例から整理と説明について考えよう。

コインの整理

新旧とりまぜてさまざまな外国のコインが箱の中に入っているとしよう。これをどのように整理したらよいだろうか？　まず出発点になるのは発行国で分けることだろう。別の実用的な観点としては、まだ法的に使えるものかどうか、という分類もある。ユーロの登場で多数の国家貨幣が代替されてしまったからである。

もしコインについて詳しいなら、コレクターにとっての価値で分類することも考えられる（「鋳造場所」「精製度」など）。他にも、重さ、大きさ、厚さ、発行日、収集日、材料金属などによる分類も想定できる。

見た目の形による整理もあり得る。すべてのコインが丸いわけではない。穴や、ふちのギザギザも、あるものとないものがある。コインに肖像が彫られていることも多い。存命者や死者、神話上の人物や象徴的人物など。動物や植物が彫られていることもある。表面に彫られている事物や文字で分類することもできよう。他にもいろいろ想像できるが、以下のような結論に到るにはこのくらいで十分だろう。

1．私たちは整理の方法を選ばなくてはならない。コインを二つ以上の方法で分類することは容易ではなく、いったん分類したものを別の仕方で分類するのは苦業である。

2．しかし「コインについての説明文」ならば、多くの方法での分類は容易である。コイン自体も何らかの性質に基づいて、あるいは無作為に、整理することはできるが、「コインについての説明文」は、安価に、かつ好きなように、思う存分多様な整理が可能である。説明文を別様の整理のために使うことができる。説明文だけでは不十分で実物が必要であるならば、実物の所在地について説明を加えることももちろんできる。図書館もおおむねこうした考えに従っている。本は内容別分類にしたがって配架され、著者、タイトル、より細かな内容など他の整理のためにはカタログが作られている。それぞれのカタログには、本の配架場所も記されている。この方法は、著者、タイトル、主題など別の分類のために本を複数冊揃えたり、別の整理が必要になったときに全体を並べ替える方法と比べれば、明らかに費用が少ない。

3．慎重に選ぶ必要性。説明に細かな内容を付け加えたり、文書を整理したりするには労力を要する。あらゆる整理が同じように役立つとは限らない。どのような整理が有用なのかは、コレクションの目的や、コレクションを利用する人の一番の欲求などに依存している。もしも、重要ではあるがそれまで気付かれなかった整理の原則が必要になったなら（たとえばコインの例では、女性の肖像が描かれたものを集めるとか）、全コレクションをひとつずつチェックしなくてはならない。

4．私たちには知らないことがたくさんある。将来にどのような整理が必要になるのか、私たちにはまだ分からない。コインの金属が何なのか（おそらく合金だろうが）、著者の名前が偽名なのかどうか、分からないかもしれない。あるいは、ある金属片がコインとして使われたものかどうかが、定かでないこともあるだろう。

人を説明する

コインの例では整理に焦点を当てた。説明文の難しさを示すために、今度は「マッチング」（お見合い）サービスのデータベースを作るという例を取り上げよう。年齢、性別、居住地、身長、職業といった属性は比較的単純である。しかしこうした属性だけでは充分とは言えない。「肝心なことが分からない」という不満も出るだろう。利用者が知りたいのは、その人がやさしいか、ユーモアがあるか、気持ちが安定しているか、性格が一貫しているか、といった事柄である。こういった属性を一体どのように定義、測定、描写したらよいのだろうか？　この例では、属性が重要であればあるほど、その価値をうまく表すのが難しくなるように思える。そして、こういった属性の重要度はそれぞれ相対的に、いったいどれが重くどれが軽いのだろうか？　登録者それぞれは、こうした複数の性質の複雑な組み合わせである。

整理や説明には異なったプロセス、異なった結果が含まれる。が、経済学が主題である書に「経済学」と説明文を付けるのも、「経済学」の書棚に置くのも、結果としては大きく変わらない。この意味でなら、整理と説明とは機能的に、相互に転換し得る。第一のケースでは、その本がたまたま配架された整理にしたがって、説明文が作られる。第二のケースでは、関係は逆になる。本は（もしくは、少なくとも本を指し示すもの）、説明文の示す秩序に従って配列される。

説明文を作る

説明文を作ることは実際、なかなか難しい。この難しさのために、資料を探す側にとってみれば、つねに整理や説明に不満が残るものだ。これに関する意思決定や困難は、どんなものであれ、一般的には次のような形にまとめられる。対象物《オブジェクト》（たとえばコイン）が、ある属性（たとえば重さ）について、何らかの値（たとえば5グラム）を持っている。以下がその実例である。

対象物	属性	値
人間	年齢	45歳
本	トピック	経済学
家	寝室	3部屋

説明のコストや困難を考えると、資料自体に自らを語らせることができれば都合が良い。資料の数が多いならなおさらである。これは実際のところ、資料の物理的な側面を機械的

に描き出す、という問題でもある。文書資料はこのアプローチに適している。というのも、テクストの中の言葉はそれが論じる対象を反映しているからである。大規模な資料ファイル、たとえばウェブ上のテクストでは、これが唯一可能なアプローチであり、検索の基本的なメカニズムともなっている。これについては第7章で触れる。

こうした「一致」で検索するアプローチは、非常に効率が良いが、同時に弱点も持っている。単語が単なる文字列としてのみ扱われ、意味を考慮していないのである。単語の中には綴りが同じでも、意味が異なるものがある（同綴異義語）。英語のbankには、銀行、堤、勾配をつける、といった複数の意味があり、形だけからは区別ができない。また、別の綴りだが同じ意味を持つ同義語（英語で言えばviolinとfiddleなど）を関連づけることもできない。こうしたことによって、無関係のものが関連づけられたり、関係するものが見過ごされたりする可能性がある。もちろん改善策はある。“a”や“the”といった単語は検索しても意味がないので「ストップリスト」に入れる。同じ意味を持つ別の単語（同義語）を関連づけたり、綴りは同じだが別の意味を持つ単語（多義語）を区別したり、さらには類義語や関連語なども結びつける野心的な試みがなされている。

資料を選び出すシステムの大部分は、項目ごとの要求に一致する資料をすべて探し出すように設計されているが、利用者が求めているのはその全部ではない。通常、もっとも相応しいものを一つ選び出せれば十分である。あるいは「いくつか」見つけることが目的であったり、「最新」や「最初」のものが目当ての場合もあるだろう。一般論として、どんなコレクション、どんなクエリであっても、適したものをごく少数選び出すことが最も望まれているのである。

基本的なメカニズム

基本的なメカニズムは単純である。索引は対象物→属性→値、という関係を逆転させる。資料に主題記述子（subject descriptor）が付いてくる代わりに、主題記述子に資料が付いてくるのだ。たとえば本1が「経済学」、本2が「象」、本3も「象」という主題を持っていたとすると、主題記述子「経済学」からは本1が、「象」からは本2と本3が導かれる。

クエリ

検索をする者はクエリが分かっていなくてはならない。それが索引エントリー（index entry）を導き、目的の本にいたる（図1）。

ここから得られる結論としては、各クエリから少なくとも一本の矢印が出ていなくては

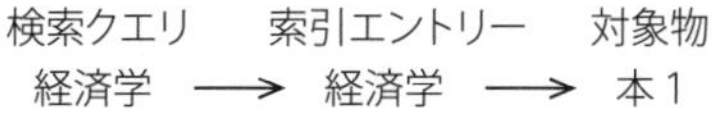

図1 | クエリ、説明、対象物

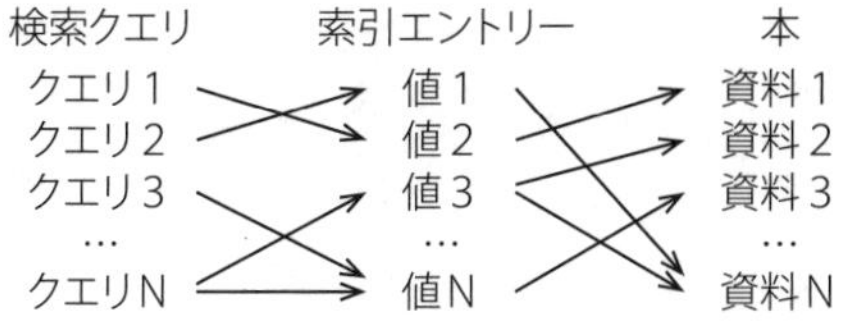

図2 | クエリから索引へ、そして資料への多重リンク

ならず、各値からも少なくとも一本の矢印が資料に向かって出ていなくては、資料は何も見つからない、と言える（図2）。

まとめ

目指す資料の存在を発見し、実物かコピーを手に入れるという「問題」を解くには、コレクションの作成、説明文の付与、「マーキング・アンド・パーキング」などが関わっている。リスト自体もバーチャルなコレクションと言える。検索がうまく行くかどうかは説明文が適切か、整理の仕方が目的にかなっているか、にかかっている。説明は言語行為であり、これについては次章で論ずる。これ以降の章では、説明文の編成や、一致させる技術《マッチング・テクニック》、検索結果の評価などを扱う。

第5章

名付ける

資料を見つけられるかどうかは、その資料の説明文に付けられた名称や、資料が分類されるカテゴリーの名称に大きく依存している。「名付け」とは言語行為であり、ひいては文化的行為である。本章では名付けに伴う問題を、その矛盾や妥協策も含めて簡潔に紹介する。名付けの見出しは言葉にする場合と、コードにする場合がある。関連する語がリンクされていると検索の信頼度も上がる。複合的なトピックを扱うには単語も組み合わせなくてはならない。どのくらい詳細にするかは状況による。将来の検索のためであっても、現時点ですでに確立した用語法で名付けが行われるため、問題が発生することもある。言語は徐々に変化するものであるし、新しい概念には新しい名前が必要だからである。新しい名前が当初は信頼されないことも多い。システムは物理的な記号によってのみ動く。つまり、意味ではなく言及することによって動くのだ。言語は文化の一部であるから、文化の変化は、ある名前の意味ばかりでなく、受け入れやすさも変えてしまう。

トピックの説明

ひとたび収集した資料は、系統立った方法でアクセスできるようにすべきである。たとえば司書は、蔵書目録に説明をつけ、本を系統的に書棚に配架する。中心となるのは、資料に名前を付けることと、名付けたトピックごとのカテゴリーに資料を配置することである。

集めた資料を見つけやすくするために、名前（マーク）は本質的である。名前は必然的に言語表現だが、これから見て行くように、緊張や困難を生みだすこともある。図書館は記録された知識を扱う文化制度で、学習支援を使命としており、研究（新しいことを知る）と教育（知識を共有する）の両方に関わる。学習、知識、理解、信念などを推進するために、図書館は存在している。しかし、「人々が知っていること」「知りたいと思っていること」「他者がかつて学びそれについて書き残したこと」には、機械的な取扱いを拒む側面がある。またそうでないなら、知識管理は結局、データ処理と同じだろう。

自らの関心に関係する資料を探す研究者は、それをシステムの用語で位置付ける必要がある。利用者の関心や語彙を予測する情報サービス提供者と、目録・分類・文献学の中のカテゴリー名称を意味付けようとする利用者との間には連携がなくてはならない。たとえ、限られた語彙や人工的な名付け（たとえばデューイによる十進分類体系）が使われる場合であっても、すべての説明は言語行為である。説明はつねに、そして必然的に文化に基づいている。というのは、説明というものは、共同体の中で培われてきた概念、定義、理解などに基づいているからだ。

この名付け（文献学的な説明）は規則に従う。一世紀以上にわたり、出版（どこで誰によって出版されたか）、対照事項《コレーション》（資料の物理的性質）、固有名（著者、組織、場所）などの資料の属性については、国際的な標準化が進められてきた。しかしながら司書や利用者にとって真の困難は、資料が何についてのものか（トピックス）を記述するところにある。これは通常二段階のプロセスに分かれ、まず目録を作る人が資料のコンセプトを確認し、続いてそのコンセプトを専門用語を用いて記述することになる。しかしこれまで、この第一段階について書かれたものは少なく、ほとんどが第二段階に集中している。人が違えば別の索引付けがなされる（同じ人でも別のタイミングではそうなる）ことがあると、研究で明らかになっている。

トピックを名付けるための資料言語

資料の内容を語る方法はいくつもある。主題別分類、見出しのリスト、シソーラス（類語辞典）、存在論《オントロジー》などだ。伝統的にはこれらをまとめて「資料言語」と呼ぶ。そのそれぞれを考察する必要はないだろうが、それらの基準となる四つの次元についてまとめておこう。

表記法《ノテーション》

自然言語（人間が日常的に使っている言葉）を使った説明は単純でありよく用いられる。しかしながら、日常の語彙を用いることには欠点もあり、効果的とは限らない。自然言語の語彙の多重性やゆらぎは予期せぬ結果をもたらす。violin と fiddle のどちらを調べるべきか、両方か？　これから示すように、自然言語の多重性問題は、語彙を制限することで低減できる。

自然言語の言葉は、自動的には便利な方法で並んではくれない。たとえばアルファベット順の配列は、意味上の関連よりも偶然のスペルによって決定される。「自然言語での名前を分類に使うと、役に立つ秩序は得られない。実際のところ、名前の順序では、救いようのない混沌が生じる。たとえばalgebra（代数学）, anger（怒り）, apple（りんご）, arrogance（傲慢）, asphalt（アスファルト）, astronomy（天文学）といった具合に」と、インドの司書、ランガナサンは書いている（［1951］,p.34）。さらに、自然言語による索引付けは、ひとつの言語でしか行えない。

こうした問題は、望ましい秩序を実現するためのデューイ十進分類のような人工的な表記法を使えば解決でき、一つだけでなく複数の自然言語に応用できる。文字、数字、その他の記号を人工的に使うが、かといって、言語でないということではない。人工的ではあっても言語であり、言葉が時代遅れになったり、後で述べるような問題と無縁ではないのだ。人工的に構築された言語という点では、植物や化学物質の「学名」と似たアプローチとも言える。

用語の統一

日常言語には「多重性」がつきものである。単数形と複数形、異なる綴り、同意語や反意語など。同じトピックが別の名前で表されたり、違った方法で表されたりする。そのために目指すものが見つからない場合もある。この問題への標準的な対処法として、「用語統一」がある。たとえば、violinが推奨されfiddleは使わない、といったことだ。日常的な語彙だが、推奨されない方の言葉はリスト化され、推奨される語へと指示される。fiddleであれば、violinを見よ、という具合である。推奨される言葉とされない言葉を注意深く分けた「重みファイル」がまとめられて、それに従うようにするのだ。

用語を統一するには、同義語や類義語、反意語、別綴りなどに注意を払う。完全な同意語は少ないが、類義語は数多い。たとえば鳥birdと鳥類ornithologyはきわめて似ているが完全に同じではない。そうであってもbirdに興味のある人はornithologyも参照するであろうし、逆もまたそうであろう。どれを類義語として関連付けたらよいのかという問題は無限の判断を要する。

用語統一は語彙同士の上下関係などにも発展する。単なる意味を超えて、機能的関係にまで拡張するのである。その点で、伝統的な辞書とは違っている。バイオガス（biogas）、ブタ堆肥（pig manure）、ホテイアオイ（water hyacinths）の三語は、まったく違った概念だが、ブタ堆肥とホテイアオイとはバイオガスの重要な原料であるため、このどれかに関心を持った人は他の語にも関心を持っている可能性が大きい。したがって、これらの語同士を参照項目としてつなげるのは正当化できる。

調整

複数のトピックスを扱う資料は多いので、少なくともその範囲を示すフレーズが必要である。それに対する単純なアプローチは、意味の構築に必要な用語をリスト化することだろう。

「障害のある子供の親」というトピックスには、「子供」「障害」「親」という三つのキーワードが含まれている。同じキーワードで表される「障害のある親の子供」についての資料があっても、数が少ないために気付かれないかもしれない。コンピュータならばキーワード検索は容易だが、紙カードの時代は大変だった。用語同士の関係を適切に処理するには「事前調整」が必要だったのだ。米国議会図書館には、「障害のある子供の親」「障害のある親の子供」という文章形式の別の見出しが用意され、探す人が混同しないようになっている。

これは単純な例だが、主要な語を徐々に修飾して意味を限定するように文法規則が使われている。たとえば複合辞の例では「接近戦で」「東洋の」「動画の」とか、修飾語を鎖状に並べた「神—認識—教義の歴史—初期教会—約30～600年—会議」など。後者は単一の主題の見出しだが、語の並べ方に独特の文法が現れている。英語を母語とする者は、形容詞を名詞の前に置くことに慣れているので、順序を逆にして形容詞が前に来る方がより自然に感じられるだろう。「初期教会における教義の歴史の会議―約30～600年―神の認識についての」といった具合である。幸運なことに、分類枠組みという人工言語において数字や文字の使用は、精巧に調整されたトピックスをはるかに正確に表現することを可能にする。かくして、最も単純な資料言語を除けば、トピックスの命名には語彙があり、文法があるのである。

精度

収集された資料が一つとかごく少数であれば目録は必要ない。反対に、あらゆるトピックスを区別するために、どんな細かな点も分けるとなれば、とても厄介なものになる。数百万レベルのコレクションから、資料の洪水ではなく扱える量の資料を選び出すような精度が必要ならば、かなり詳細な説明を資料に付す必要があるだろう。実際のところ、どれくらい細かいインデックスを付けるかは、各トピックスにおいてどのくらい違うアイテムを識別しなければならないかといった、状況に依存する。

時間と名付け

名付けは「前方指向」である

主題にインデックスを付けることは、適切な説明を付けるという問題として定式化できる。どのような目的に対しても、最も適切な資料を選び見つけ出すことというのが、説明を付ける上での挑戦的課題なのである。索引を付ける人にとって、説明はもとより「未来指向」のものである。「ありそうなニーズ」を考えて、前向きに説明や名付けを行う。そのためには、意識するにせよしないにせよ、将来における資料の利用について、どのように将来のニーズに応えるかという何らかのストーリーを想定することになる。資料の性質だけではなく、想定される将来においてそれがどのように役立つのかを考えるのである。索引を効果的に付すためには、その資料を使う共同体《コミュニティ》やその目的、考え方、使う語彙などについても、慣れ親しんでいる必要がある。

ヴェサ・スオミネンは、「良い司書を作るものは何か?」と問いを立てた。言語学者フェルディナン・ド・ソシュールの考え方を下敷きに、スオミネンは司書の仕事を「空白を埋める」ことだとした。各図書館利用者のニーズに合わせて、資料を効果的に編成するのが司書だ、としたのである。利用者も資料も数が多く、ニーズも多様でありまた変動することも司書の仕事を難しくしているが、しかし原則を揺るがしはしない。スザンヌ・ブリエはこの前向きのスタンスをさらに拡張して、司書を猟師（探索する人）に先導される猟犬にたとえ、猟師とダイナミックなパートナーシップを組むことで、猟師にはまだ見えない獲物（資料）の存在を予測する者とした。「猟犬のように前線にいて、先導されつつ先導する」（“Comme le chien du chasseur-tout a fait en avant,guide,guidant”）。

名付けは「後方指向」である

「前方指向」であろうとする努力はしかしながら、説明する（名付ける）プロセスに影響されている。トピックスの説明は、その資料の対象を考えて名付けることであり、要約することでもある。見出しをつけることは要約の極限とも言える。しかし実際のところ、「～について」とはどういうことなのか？　主題の見出しが何らかのトピックスや概念を指していることは確かだが、単に別の名前を挙げているだけで説明していないとしたら、役に立たない。主題の見出し（ひいては資料自体）が何についてなのかという説明は、索引付けされる用語が生み出す言説に由来するものでなくてはならない。ある資料に付される説明は、この言説（資料）があの言説（文学、議論、対話）と関連していると語っており、主題が過去に基づいたものだということを意味している。同様に、図書館の利用者が求めているのはトピックスではなく、言説、すなわち言辞や説明、もしくは少なくとも、彼らが関心を持つ対象の議論である。かくして、トピックスを語る主題の見出しは、過去の言説の重要性に由来する。

「意味」は言語の利用によって確立され、つねに過去をなぞっている。索引を付ける人は、過去を跡づけることで説明を創造するのだが、目は未来に向けている。このヤヌスの顔のような(二つの方向を向いた)スタンスは、安定した世界においてさえ難しいものに思われるが、索引付けは、時間、テクノロジー、言語の性質、社会変化によってさらに困難となる。

銘記すること

名付けたり、資料のトピックの説明を記録したり、名付けたトピックの間の関係を明らかにしたりといった行為は、当然のことながら、ある時点で行われ、索引やカタログといった装置に銘記される。そして時間が経つと当初の時点は過去になってゆく。名前の選択の根拠となった言説もまた、時間の流れの中で、続いたり変化したり発展したりする。索引付けという行為もこうした変化から逃れられない。未来が現在へと変わってゆくと、

「意味」は言語の利用によって確立
され、常に過去をなぞっている。
索引を付ける人は、過去を跡づける
ことで説明を創造するのだが、
目は未来に向けている。

新たな未来が予見され、新たな未来予測に関係して「前方指向」における見方が作られてゆく。しかしながら、ひとたび決められた名前は、それが銘記されると、固定されたものとなる。したがって時間の経過につれて、「その時点における過去」の言説との関係および、「その時点における未来」で予想されたニーズとの関係もまた、「進み行く現在」の認識に従って変わってゆく。言説も、索引を作る人も、時間とともに変わって行くが、ひとたび固定された名称は、銘記され、過去となってゆく。過去の状況に合わせた索引付けを更新するのは困難であるので、試みられることは普通はない。

新しい資料は必ず、古い文脈と将来のニーズに合わせて、位置付けるべきだというだけではない。「言説の共同体」（同じような使い方で言語を用いる人々の集団）が一つではなく、多数存在しているということもまた、問題をさらに複雑にしている。

言語の比喩的な利用

新しいトピックのための新しい名前は、言語の比喩的な使い方、特に隠喩《メタファー》から立ち上がってくることがある。たとえばコンピュータの「マウス」は、形がネズミに似ていることから名付けられたものだが、このように新しい事柄に対して、類似から比喩的に命名され、その名前が定着した例がある。新しい意味はまずは特定の文脈の中で確立するが、利用されるうちにさらに広く使われてゆく。言語の「ゆらぎ」は索引付けをする人が作り出すものではなくて、むしろ索引付けをする人が言葉の変化について行かなくてはならない。用語法の変化は、旧来の用語が正しいかどうかを疑問に付すので、それを避けるために、彼らは保守的なアプローチを取る。だが、索引において反動的な選択をすることは、他の有益な目的から資源《リソース》を奪うことにもなりかねない。

言及と意味

情報サービスはテクノロジーに大きく依存している。資料は紙やフィルム、磁気ディスクといった物理的なメディア形態を取っている。図書館はその仕事の大部分がルーティン化され、サポート・スタッフや機械が行える事務作業になっていなければ、うまく回っていかない。近代図書館は、メルヴィル・デューイらが提唱した「図書館経済」に象徴されるような、19世紀末のテクノロジー的モダニズム精神の中から立ち上がってきた。彼らは標準化、システム、効率性、集団的進歩を強調し、これは「セマンティック・ウェブ」「ヴァーチャル」などデジタル・ライブラリーのビジョンの中でも生きている。効率よく成果を上げるためには細かな管理が必要であり、ファイルや記録処理技術の先導者である図書館員が、近代のオフィス・マネジメント手続きに影響を与えた。

主題別の索引をつけるにあたって、機械的なやり方と、意味を考える文化的なやり方とは、あたかも二つの地層プレートのように衝突する。名付けるという行為はちょうど、この二つのプレートがぶつかった「断層線」上にあり、索引付けをする人々は語彙のコントロールを駆使して、言語上の避けられない「破断」や「地すべり」を少しでも緩和しようとする。名付けるという使命に付きまとう文化的・美的な性格と、費用を抑え効果を上げるための機械的な手法との間で、独特の争いが起きる。この戦いの中心線は、「その資料が何についてなのか」を名付けることに関するものだ。

資料の圧倒的な大部分が文章なので、資料間もしくは資料とクエリとの間の意味的な連関を示すのには、自然言語処理の技術が多用される。しかしこの技術は単語や文字列に注目したもので、意味の側面は扱っていない。フェアソーンはこの違いについて、「(自然言語処理) 技術は言及することは扱うが意味は扱わない」と分析している (Fairthone 1961)。たとえば、「情報」という単語と「検索」という単語が同時に現れることが多ければ、それらは「フレーズ」を構成すると見なされる。そしてもし、「情報検索」と「ベクトル空間」という二つのフレーズが同じテクストの中で出現する傾向があれば、この二つのフレーズは「資料空間」の中で「近い」と計算され、この「空間的」近接性からトピック間の関係が推察されるのだ。記号間の関係が統計的に有意なら、意味上の関係も（たとえ説明がつかなくても）含意される。機械は意味を無意味から識別することはできないが、記号の間の規則性や矛盾を見つけ出すようにプログラミングすることはできる。

形式的な自然言語処理技術が、本質上言語的な書誌学でのアクセスに有益である理由はまだある。といっても、つねにそうであるとは限らず、信頼性もまだ不十分だが。言説と説明との関連性を示すのは言葉の上での類似性である。同じあるいは似たようなことが語られている場合、同一の単語が使われているからだ。しかしこの方法を採用すると、同綴異義語（英語の例で言うと、host（領主）とhost（群衆）など）が入っている場合に正確性が損なわれる。このアプローチの利点は効率の高さであり、機械的なので機械でも行うことができる。しかし、同様の事柄を指すのに別の言葉が使われている場合には、このアプローチはうまくない。これを解決するため、もしくは複数言語の探索のためには、二言語辞書や、統計的連関が役に立つ。場所、出来事、個人に関係する、重要かつ有用な特別の語彙（文化的なものと物理的なものの両方が含まれる）については、次章で議論することにしよう。

情報検索に関するテクニカル・ライティングは、個人名や組織名と各種の頻度計算や統計的関連性とを結びつけるために、自然言語処理を大いに利用している。さらに各種の用法や無数の言い方でそれを補う必要がある（Blair［1990］）。カテゴリーも、それに付けるラベルに使われる言葉も、主観的なものである（Lakoff［1987］など）。科学の社会的実践を対象とした研究は、資料の利用と役割、そして資料の説明を理解するのに役に立つ（Frohmann［2004］など）。ジェオフリー・バウカーとスーザン・レイ・スターの共著『物事を並べる：分類とその結果』（Bowker and Star［1999］）は、客観的と見られがちなカテゴリー分けが、いかに社会的な関心事によって影響を受けているのか、事例研究で明らかにしている。

名付けは文化的である

言語は「言説の共同体」の中で生起し、逆に共同体を形成・喚起する。どのような共同体であっても、程度の差はあれ、特有の言語実践を行っている。語彙を安定化させ管理しようとするならば、言説の持つ多様性や動き、その結果として現れる多重性や不安定性に、対処しなくてはならない。ほとんどの書誌やカタログでは、トピックの索引は一種類だが、複数の共同体の関心に応じた素材を扱っている。各共同体の言語実践はわずかながら異なっているため、すべての人にとって理想的な単一の索引は存在しないだろう。たとえば健康についての日常会話では、cancer（がん）や stroke（卒中）といった単語がよく使われるが、専門医の論文ではneoplasm（悪性新生物）やcerebrovascular accident（脳血管障害）と言った単語の方が好まれる。したがって理論的には、各共同体に合わせて、多重で動的な索引を作るのが理想だろう。しかし実際には、問題は言葉だけではなく、「見方」（perspective）の違いもある。異なる問題を異なる言語で議論するだけでなく、同じ問題を別の見方から論じていることもある。たとえばウサギは、ペットとしても、有害生物としても、食料としても、本に出てくるキャラクターとしても、論じることができる。

こうした「方言」の違いを措いても、索引付けをする人々が資料の性格を表すために使う語彙は、たとえば「世界が変化した」といった理由でも、問題を引き起こし得る。認識の発展もあるだろう。新しいアイディアや新しい発明品は、新しい名前を必要とする。「馬のない馬車」が発明されて「自動車」（automobile）という言葉が生まれた。すでにある言葉に別の意味が加わることもある。60年ほど前、コンピュータとは「計算をする人」という意味であったが、今では機械のことになっている。プリンターという言葉も同様の経緯をたどった。

戦う言葉

図書館での「名付け」は、人々の感じ方の変化によっても影響を受ける。直示的意味《デノテーション》が変わらなくても、共示的意味《コノテーション》が変化したり、指示対象への人々の態度が変化することがあるのだ。社会的に認められない言語表現というものは、つねに存在する。認められるか認められないかは、文化集団によって違うだけでなく、時代によって変化し、面倒な論争が起きたりもする。かつて「黄禍」(yellow peril) というフレーズは、極東地域からの大量の移民を指す言葉として、広く使われていた。しかし現在では攻撃的過ぎるフレーズだと考えられている。しかし、この見方をそのまま代替する便利なフレーズはなく、歴史の議論には「黄禍」は必要である。

主題見出しの社会的な受け入れやすさについては、使われる用語や用語同士の関係について、多くの研究が発表されてきた。「性的逸脱」の項目で「同性愛も見よ」とするのは、かつては実際にあったが今では許されないだろう。サンフォード・バーマンの『偏見と反感:人々に関わる議会図書館主題見出し』(Berman [1971]) は入門書として優れている。バーマンは、彼が「攻撃的」と考える多数の主題見出しの例を挙げ、その理由を説明し、より望ましい言い換えを提案する。バーマンの挙げた例やコメントを読むと、名付けがつねに文化特有の見方を反映していることがよくわかる。ある集団が認める用語が別の集団にとっては侮辱であったり、その態度もまた時代によって変わる。たとえば「ユダヤ人問題」という言い方は許容されない。「ジプシー」はエジプト出身ではなく、「ロマ」の方が好まれる。「浮浪」項目で、「ジプシーも見よ」とするのは偏見である。「マミー」や「ニグロ」も呼ばれる側にとっては屈辱だ。「エスキモー」より「イヌイット」の方が望ましい、等々。彼の挙げる例は数が多く、またとても興味深く、これだけでまとめ尽くすことはできない。

人間行動の呼び方には身分の上下関係も反映している。奴隷が蜂起すると「反乱」と呼ばれるが、市民の蜂起はより積極的に「革命」と呼ばれる。「北米インディアンの文明化」とは米国原住民の文化のことではなく、それを根こそぎにしてヨーロッパからの植民者の生活様式で置き換えてゆくことだ。「インディアンを文明化する努力を扱った文学」といった議会図書館の文章からそれは明らかである。欧州列強は海外に植民地を所有した。アメリカは植民地とは呼ばれなかったが、欧州諸国の「海外領土」となった。バーマンの挙げる例から、キリスト教男性の世界観や、過去の社会的態度や、時代遅れとなった医学・精神医学用語（例：白痴）などが浮かび上がる。反論が可能な例もある。「ジプシー」の代わりに「ロマ」を使うというのも、もし図書館利用者が「ロマ」という言葉に馴染みがなければ、かえって非効率だという立論も成り立つだろう。

主題の索引付けを時代をさかのぼって見ていくことは文化的・言語的な考古学のよい「教材」となっている。「議会図書館主題見出し」は百年以上前のものだが、見出しの数は

言語による表現は必然的に、
文化に根差しており、変化しやすい。
これは、効率を上げるために
曖昧さのない安定した記号システム
を作ろうとのニーズとは矛盾する。

優に十万を超え、更新するのも難しい。多くの改革にもかかわらず、批判するのは容易であり、索引やカテゴリー分けシステムに固有の問題を示す代表例となっている。言語による表現は必然的に、文化に根差しており、変化しやすい。これは、効率を上げるために曖昧さのない安定した記号システムを作ろうとのニーズとは矛盾する。

名付ける問題に加えて、付けられた名前の大部分は、それ自体抽象的あるいは問題含みの概念である。概念の曖昧さや混乱は言語では解決できない。

まとめ

説明文とは資料の性質（特に、何を対象にしているか）に「名前を付ける」ことと言える。説明文は表記法（言葉かコードか）、用語統一（標準化された用語法）、複合的なトピックス（たとえばヴェネチアン・ブラインド＝板すだれ）、精細度（どのくらい詳しく描写するか）等によって多様である。説明文とは、すでに確立された用語法を使って、将来の研究のために役立てる言語活動である。言語は文化的なものであるので、センシティブなトピックスの説明は、議論を起こすことがある。次の章では、説明文がいかに体系化され、利用されるか、より詳しく検証する。

第6章 メタデータ

説明文における「名付け」についてすでに見てきた。本章では説明文がいかに利用されるかを検討していこう。メタデータ（データの上にあるデータ、あるいはデータについてのデータ）は、資料、記録、データに付される説明文に共通した名称である。データについてのデータなのである。ここでは資料とデータとを区別しない。メタデータの第一の使途は説明文だが、説明文こそが（周縁でなく）中心であると関係を逆転させることで、探索や発見のための基盤とし得る。しかし、探索をメタデータに頼ることは、「別の文脈で使われた別の語彙」であること、言語の際限のない多様性や不安定性、同等だが別の用語を結び付け、同じ単語の別の用法を区別する必要性、等に由来する困難がある。根本的に異なった局面（人、場所、時間、対象物など）を区別し、別に扱うことは有用である。

メタデータ（データの上にあるデータ、あるいはデータについてのデータ）は、資料、記録、データに付される説明文に共通した名称である。データについてのデータなのである。

メタデータの第一の目的：説明

メタデータの第一の、そして根本的な目的は資料を説明することである。メタデータによる説明にはいくつか種類がある。

・技術的な説明（形式やコード化標準など）
・管理上の説明（著作権者、使用状況など）
・内容上の説明（テーマ、範囲、著者など）

こうした説明は、資料の性質を理解し、使うかどうか決めるのに役立つ。たとえ用語法が標準化されていなくても、説明文は有用たり得る。およそどんな説明であっても、ないよりはマシである。とはいえ、資料同士の比較を容易にするためにも、メタデータの形式を標準化することが強く求められる。

メタデータは、「フォーマット」と「値の組」の二つの部分から成っている。よく知られたフォーマットとしては、「XML」「Dublin Core」「MARC」（図書館目録の共有のため）があり、それぞれ別の標準化が使われている。情報を蓄積し表示するフォーマットが標準化されていれば、メタデータも利用しやすい。また、語彙が標準化されていれば、一貫性が保たれ、理解に資する。

資料をざっと見するとき、特にデジタルの資料の場合、説明的メタデータは、それがどんな資料で、何を対象とし、どのように利用するのかを理解するのに使われる。このプロセスは、本のカバーを見て中身を値踏みするやり方に似ている。

索引を作る

質問項目と資料や、資料と資料とを、意味あるやり方で結びつける際には二つのことが要請される。第一にそれらの間を関係づけること、第二にその関係の性質を記述することである。たとえば、二つの資料が同じトピックを扱っているということがあるだろう。図3に示すように、一つの「主題見出し」が文章でも画像でも扱われている、といったことがある。

次の段階では、この関係を逆転させて、同じ主題見出しから文章へも画像へも行けるようにする。同じトピックを扱ったものであれば、文章も画像も検索できる。第5章で論じ

図3 | 文章および画像に関連付けられた主題見出し

図4 | 主題見出しから文章および画像へ

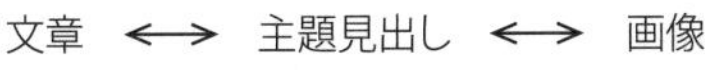

図5 | 主題見出しを介してつながる文章と画像

たように、クエリから出発して、主題見出しに、そして資料にいたる。図4にそれが示されている。

この「作戦」はもとの構造を逆転させている。説明文が資料に付随しているのではなく、資料が説明文に付随している。説明文の語彙が基本的なものになるほど、資料は付随的となる。こうした逆転は「サイテーション・インデックス」で明らかだ。何かを本や論文で調べるとき、脚注や巻末注はごく付随的なもので小さな活字で印刷されているが、「サイテーション・インデックス」はこの関係を逆転させた。引用や、引用でつながる関係の方が、主となったのだ。引用されたときにのみ、資料が（それも周縁に）存在する。

この関係は、文章から主題見出しを通して画像を検索したり、反対に画像から主題見出しを通じて文章を検索したり、といったことを可能にする。図5にそれを示した。

このように、同一のトピックを扱った複数の資料は、たとえフォーマットやコンテンツが違っていても、ネットワークとして接続し得る。そのためにはトピックを説明するのに単一の語彙を使うか、もしくは少なくとも相互運用可能な語彙を使うことが必要である。

索引用語

適切と思われる単語を誰もがタグ付けできるシステムは近年増えてきた。これは便利であり、より本格的な索引のための基盤となり得る。また、画像や文章の、象徴的・感情的な側面を同定するのにも役立つ。しかしながら、専門的な索引付けは、次に述べる三つの原則に基づいている。

「用語統一」 同義語や類義語を絞るために、使う用語を制限する。索引付けに一貫性を保つために、優先されない同義語・類義語よりも優先される言葉を集めた「典拠リスト」を作るのも役立つ。個人名は、著者の確定や、伝記的文章にとって、重要な情報である。同名の別人を区別する必要性、同一人の複数の名前を名寄せする必要性は文書館、図書館、博物館といった組織ではよく理解されている。二人の人が同じ名前を使っているかもしれないことや、同じ人が生涯を過ごすうちに名前を変えるかもしれないといった困難がある。前者については生年月日や死亡年月日を付け加えることで適切に区別しなくてはならない。後者については集積し、一貫して使う一つの名前にまとめなくてはならない。同様に地名も、別の場所に同じ名前がついていたり、同じ場所が複数の言語の名前で呼ばれていたり、時代によって変化したりする。必要な際には意味を明確するために注を付けなくてはならないが、特に固有名の場合には、その引用の根拠を書かなくてはならない。

「局面分析」 たとえば時間、場所、人々といった点で異なる、世界の別の側面（局面）に対応して、索引に出てきた用語を分類するのが、この「局面分析」である。複合的なトピックスを扱う際には、一度分けた要素を再び結合することもできる。

「文法」 たとえば「人が犬を噛む」と「犬が人を噛む」といったような、同じ言葉を使った別のフレーズを区別する。

以上挙げた三つの技法は、正確な記述システムを作り上げるのに役立つだろう。

メタデータの第二の利用法：検索

個々の資料を説明する手段としてメタデータを考えることは、メタデータの二つの役割のうちの一つである。別の利用の仕方もある。索引を探すときに、資料自体よりもクエリや説明文（メタデータ）から出発するのである。

メタデータの第二の利用法は、探索や発見のために使うことである。資料がデジタル化されていれば、検索エンジンのように、利用できる資料の中で言葉の断片を探すことが普通に行われているだろう。たとえば「mouse」という言葉で検索をかければ、使われている意味がもとの小さな哺乳類としてであろうと、コンピュータの入力機器としてであろうと、その文字列を含む資料が現れる。文字列で検索をかける技法はたいていはうまく行くが、つねに完璧とは言えない。複数の意味を持つ単語（多義語）があったり、同じ綴りなのに別の語（同綴異義語）があったり、同じ意味を持つ別の単語（同義語）があったりと、言葉と意味とは必ずしも一対一対応していないからだ。

また、多言語環境や、画像・音響・数字など非言語の入った資料では、単純な文書検索はうまく行かない。画像と画像、音響と音響を比較することはできても、画像を音響や他のメディア形態と直接に比較することはできない。いくつかの画素《ピクセル》や音が含まれた資料は、文書のようにクエリで整理できないのだ。その対策としては、非文書資料に文書で説明をつけて検索可能にすることが通常行われている。

「インフラ」は事業の下部構造を指すのに使われる集合名詞である。もともとは交通や軍事といった分野の固定的な資源を指す言葉だったが、中心的な業務に付随してそれを支えるようなサービスにまで、意味が広がった。たとえば鉄道で移動する場合、最低限客車や機関車が必要になるが、それに加えて信号や、切符や、駅同士の通信や、燃料補給や、運行管理や、時刻表といった、効率的で信頼できるサービスも必要である。こうした資源をまとめて、「インフラ」と呼んでいる。

インフラ（infrastructure）はつねにある種の構造（structure）であるが、構造がインフラと呼ばれるかどうかは状況に依存している。銀行は本業の金融サービスを提供するためにデータ処理サービスが必要となるが、こうした計算機のサポートも銀行のインフラの一部と考えられる。情報サービス産業の側から見ても、支払いを扱う信頼できる銀行サービスは補助的な資源（インフラ）に含まれ、銀行サービスが翻って情報サービス産業にとってのインフラの一部とも言える。

「標準」やプロトコルもまた、見える結果をもたらす「見えない」形のインフラである。何かを可能にしたり援助したりする環境自体がインフラと考えられるので、社会的習慣や心性も、ミシェル・フーコーが『言葉と物』（１９７０）で論じたように、インフラの一部をなすと考えることができる。

要するに、メタデータの最初の、もとの用法は資料の説明であり、メタデータ（データの上にあるデータ、データについてのデータ、の意味）という名称はこの用法に基づいている。しかしそれだけではなく、メタデータによって、資料を整理する手段を構築することができる。そうしてできた構造によって、個々の資料を探したり、資料のパターンを明らかに

メタデータによって、
資料を整理する手段を構築すること
ができる。

することもできる。こうした使い方は、資料とメタデータの関係の逆転をも含んでいる。こうした構造をインフラと捉えることもできる。

本章はこれ以降、図書館やオンラインで、参考資料の検索や発見のためにメタデータを使うときの、メタデータの性質について考える。

（ほとんど）馴染みのない語彙の多重性

言語は文化という文脈の中で機能している。このことを意識させられるのは、馴染みのない分野や、違ったメディアや、自国以外で検索を行っているときではないだろうか。人が効率的・効果的に資料を探すことができるのは、何といっても馴染みの領域で探しているときである。自動車に関して出てくる次のような検索用語を熟知している人は一体どのくらいいるだろうか？

PASS MOT VEH, SPARK IGN ENG（米連邦輸出入コード）
TL205（議会図書館分類）
180/280（米国特許分類）
3711（標準産業分類）

ネットワーク環境は多種多様な資源へのアクセスを可能にしてくれるので、それに伴って、アクセス可能な資源の中の馴染みのない語彙が、量的にも割合としても増えてゆき、検索の効率や効果が下がりかねない。この問題に対する重要な（しかし無視されている）対策は、「検索用語推奨サービス」を作ることである。その最も単純な形態は、馴染みのある言葉と馴染みのない言葉を結びつけるものだ。1876年に発表された、最初のデューイ十進分類では、鉄道は385となっていた。

その後、1899年の第六版のデューイ十進分類（および図書館・切り抜き・メモのための関連索引ほか）では、鉄道は文脈によって分類が違っている（Dewey［1899］"in different connections", p10）。たとえば、

鉄道	建設	725
	企業	385
	工学	625
	法律	385
	旅行	614、863

検索する人の持つ知識はさまざまなので、彼らが慣れ親しんでいる語彙も多様である。したがって、利用者の集団に合わせて、異なった主題索引を作る必要がある。現在はまだ経済的に採算が取れないが、いずれはどのような語彙群もそれと対応した検索用語推奨サービスを構築することができるのではないだろうか。

三人の医師がいると想像していただきたい。一人は麻酔医、一人は薬物療法専門医、そして一人は老年医学を専門にしている。この三人がそれぞれ、心不全（cardiac arrest）に関する最近の論文を探している。心不全（cardiac arrest）という言葉自体は、標準的なデータベースMedical Subject Headings（MeSH）の見出し語に採用されていない。それでは最も効率的にMeSHを使うにはどうしたらよいか？　この三人はそれぞれ別領域の専門家であり、「心不全」に対する関心も違っている。それぞれが医学の中のさらに小さな分類の中で暮らしているのであり、別分野には関心はなく、また理解もできないかもしれない。適切に方向付けられた訓練によって、それぞれに対応した推奨用語が生成可能ではないだろうか。

引用からリンクへ

ネットワーク環境が拡大するにつれ、紙での文化で行われていた「引用」という権威付けが、根拠となる資料への「リンク」に代わりつつある。これには利点がある。個別のリストよりもオンラインの資源の方がはるかに豊富な情報を掲載し得る。地名を例にとってみよう。個別に作ったローカルなリストではせいぜい、よく使われる綴り、同名の他の地名と識別するための特徴、地名のタイプ、その土地の位置といったことが書いてあるだろうが、「地名事典」ではそうしたことに加えて、緯度や経度なども掲載しているだろう。人名の場合も同様に、ローカルな個別の人名リストの場合には、よく使われる綴りや別名、同名の別人と区別するための情報などが記載されるだろう。より大規模で権威のあるリスト（たとえば、国立図書館の人名ファイルや人名事典）では、個人の一生や経歴について、より詳しく載っているだろう。情報はより豊富で、たとえば地図や時系列で表示することも必要であればできるだろう。

オンライン資源の別の利点として、印刷物とは違い、情報の更新がしやすいという点がある。リンクから更新された情報を利用することもできる。

何、誰、どこ、いつ

ここまで一般論として、トピックス（疑問詞で言えば「何」）について議論してきた。しかしそれ以外にも特別な扱いを要する事柄がある。以下では、「誰」「どこ」「いつ」という三つについて、どのように別の扱いをしなくてはならないか、その取り扱い方を示す。

「誰」：個人名

個人名は、著者性を示したり伝記文書を扱ったりする場合に、非常に重要な情報である。同名の別人を区別し、複数の名前を使う同一人をまとめる必要性は、文書館、図書館、博物館などでよく認識されている。しかし、人間同士の関係を記述することは、どちらかと言えばないがしろにされてきた。系図学者は家族関係の表記（親子、夫婦など）に長けているが、人間関係は家族・親族だけではなく、他にも重要な関係（師弟関係、ビジネス上のパートナーなど）で人間同士はつながっており、これを表す技術や用語について、今後の研究が必要と言える。

「どこ」：地理的領域、場所、空間

テキスト環境における検索は、トピックスや一般的なキーワードを使う場合が多いが、その中には個人名や地名、組織名などが含まれる場合もある。社会経済的時系列データや写真などの特定の資料を探す人にとって、地理的な位置の正確な把握は重要である。「場

所」は文化的な構築物であって、これは地名がしばしばさまざまな綴られていたり（リスボンにはLisboa, Lisbon, Lisbona, Lisbonne, Lissabonなどさまざまな綴り方がある）、多義的だったり（「ガリシア」だけではポーランドかスペインか分からない）、時間とともに変化したり（サンクトペテルブルクがレニングラードになり、再びサンクトペテルスブルクに戻った）することにも反映されている。

それに対して空間は、緯度や経度で定義される物理的な用語で、多義的でも不安定でもなく、地図上にきちんと表すことができるという利点がある。地理上の領域は、「場所」と「空間」という二つの命名システムがある。前者は地名で表され、後者は数値で表される。地名事典はこの二つのシステムを調整する役割を担い得る。言い換えると、地名を特定し、地図上に曖昧さなく位置づける。よく編集された地名事典は、地名が使われていくうちに変化するさまも示すことができるだろう。

「いつ」：出来事と時間

出来事と時間は相互に定義し合う関係にある。時間は物理的に測定され、時代は文化上の出来事によって決められるが、物理的な出来事も文化的な時代も、どちらも暦の時間によって測られている。会話でも文章でも、私たちはしばしば、時間を出来事で意味づける。

たとえば「卒業後」「第二次大戦前」といった具合に。出来事と時間の二重性は、場所と空間の二重性に似ているので、類似したアプローチができる。名付けられた出来事を、暦の上での時間に関係付けるのである。地名事典が地名と地図上の位置とを結び付けるのと同じ方法を使い、出来事と日付を結び付けることで、出来事の時系列での整理がしやすくなるのである。

索引語同士の関係

ここまで、トピック、場所、時間、人名の索引について、あたかもこれらが別個であるかのように論じてきたが、よほど単純な例を除けばこれらは関係している。議会図書館の主題見出しシステムのような成熟した索引では、トピックは通常場所や時代とも関連付けられている（建築—日本—明治時代、のように）。言い代えると、主題見出しには、トピックのみならず地理的、時間的要素も含まれているのである。

地名事典でも通常、城、教会、湖、都市といった具合に、その地名の性質について記述している。物理的な性質とトピックは同じではないが、どのような性質でもトピックとして扱うことはできる。ある一つの城は、カテゴリー「城」の例になる。城一般についての資料は、特定の城についての資料と同じように、役に立つかもしれない。トピック「城」についての議論は、それを主題見出しから地名事典における「地理的性質」の型のコードへと移すことで、あらゆる地域の城を特定し位置づけることができ、中身を豊富にすることができるだろう。地理的な性質と主題見出しを結びつけることは、このように有益な可能性がある。また、上手に編集された地名事典は、主題見出しと同じように、その地名がいつ使われていたのかについての言及があるので、地理的側面ばかりでなく、時代的、トピック的な側面も有している。

地名事典の編集をモデルにした時間—時代ディレクトリは、出来事や時代についてのコード化を備えているだろう。ある特定の出来事（たとえば地震）が、固有名（たとえば1755年リスボン地震）と、出来事の分類（たとえば地震一般）についての記述と結びつけ得る。出来事はある特定の場所で起きているので、固有の時間—時代辞書も地理上のコード化を備え、それぞれの出来事は、地理上の主題見出しと、地名事典のエントリーの両方とに、関係付けられるべきである。

主題のインデックス、地名事典、歴史事典、人名事典は、現実の別の側面を切り取ったまったく別の物である。しかし、地理学的な関係、時系列のリンク、トピックの近接性などは、この四つに共通している。これらのジャンルの間のつながりを効率的に構築するのは、巨大かつ実用的な問題と言えるだろう。理解には文脈の知識が必須だからである。

局面と文脈

「何」「誰」「どこ」「いつ」というキーワードを使って、さまざまなトピックについて論じてきた。異なったカテゴリーのための技術的な用語として「局面」(facet) があり、分類や知識の組織化では中心的な役割を果たす。「同一」「類似」といった関係で結びつけられたデータは、通常、単一の「局面」の上に位置づけられる。同様に、図書館のレファレンスでは、「伝記」「地理（地図や地名事典）」「歴史（および年代記）」といった具合に、局面特有のジャンル分けによって分類が行われる。しかし、目録やレファレンスの見出しにこだわらずに、エントリーの内容やそれ以上の説明を調べるなら、「単一の局面」以外のいわば「多重の局面」を見つけることができる。

図書館の主題見出しには、主たる見出し以外にも通常、地理的なサブカテゴリーや時代毎のサブカテゴリーが設けられ、中には個人名が含まれているものもある。

地名事典は地名が主たる見出しになっているだろうが、地理的な性質や、空間を示す緯度や経度も含まれている。さらに、その地名が使われていた時代や、その地と特に関係する人名が含まれていることもあるかもしれない。

「時代のディレクトリ」は、時代が見出しだが、どんな時代だったのか、どんな出来事があったのか、暦の上での年月日、その時代（あるいは出来事）の舞台となった地域なども書かれているだろう。

人名事典も、個人名を中心に編集されてはいるが、活動、日付、他の人名、場所といった多様な情報も記されている。

実例は多様であろうが、大切なことは、伝記であれ目録であれ、局面が限定されたレファレンスといえども、その中身には他の局面が含まれている、ということだ。次ページの図6は、「いつ」「どこ」「誰」「何」という四つの異なった局面から人が期待する情報を線でつないで示している。「議会図書館主題見出し」や「国際十進分類法」といった、事前にコード化された複雑なシステムでも、同様の効果が見て取れる。

各行における局面のつながりには理由があるが、実例を探る目的では、垂直方向に結び付くような再編をする方が良い場合がある。それを図7に示した。

図6の各行の内容を局面で再配置したものが図7である。垂直方向と水平方向のつながりの持つ可能性が、より明確になるだろう。たとえば、図書館の蔵書目録での主題見出し

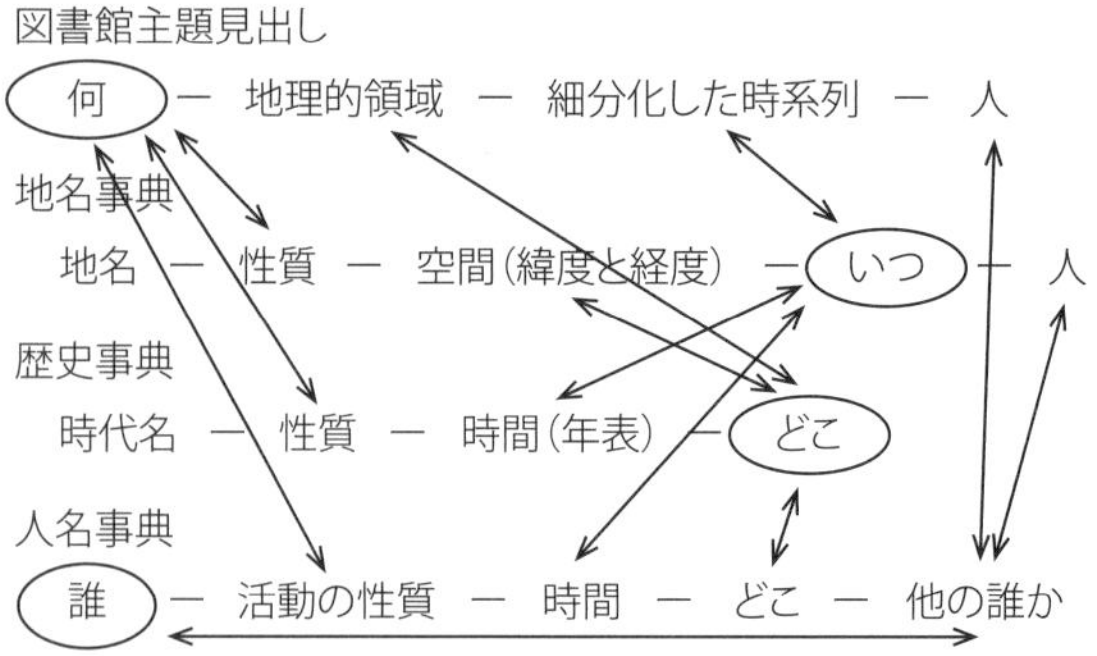

図6｜分かれている局面を関係づける

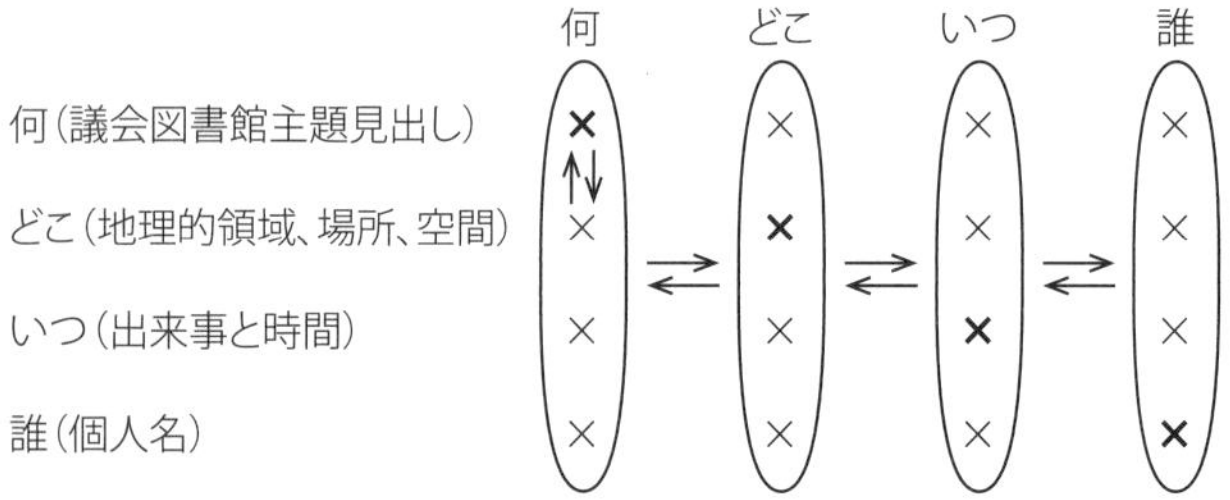

図7｜垂直および水平方向のリンクを使って図6を再編したもの

「ライトハウス」が、地名事典の「Lハウス」（ライトハウス）というコードの説明と結びつく可能性がある。地名事典には、実際のライトハウスの位置が書いてあるだろうし、蔵書目録にはライトハウスについて書かれた本のリストが得られるだろう。二つの索引を結びつけることで、個々別々に調べた場合よりも豊かな情報が得られる。図7で示されているように、垂直方向でのマッピングで別の言葉とのつながりが分かり、さらに別の資源《リソース》へとつながっていく。水平方向のつながりは、別の文脈を提供する。

まとめ

資料に関する説明文（メタデータ）は、技術的、管理的、トピック的な側面をカバーし、資料の性格やそれが興味深いかどうかの理解を助ける。説明文は、その資料の主題見出しなど、断片的な情報を組み合わせて作られる。この関係を逆転させ、資料を主題見出しへと結びつけることで、ある性格を持った資料を探すという二次的な目的のためのインデックスを作ることができる。自然言語と人工言語（コードや分類）を含め、多様な言語の違いがあるところから問題も発生する。その結果、馴染みのある用語から、馴染みのない用語（特に馴染みのない言語）へと、つながりをつける必要が発生する。名付けるシステムが複数ある場合がある。たとえば地理では地名と緯度および経度、時間では日付と（歴史上の）出来事、数学では公式と言葉での説明、といった具合だが、こうした二つの側面は結び付ける方が有用である。「誰」「何」「どこ」「いつ」といった、まったく違った概念（局面）は分割するというのが最も単純な技術だが、こうした概念的には異なった要素も、現実の文脈ではつねに結びついており、こうした複合的な関係を利用する機会は多数ある。

本章および前章では、資料をいかに説明するか、および、その説明をいかに組織化し結び付けるかについて検証した。次章では資料の「発見と選択」の技法について詳細に述べる。

第7章 発見と選択

資料や記録の発見と選択を助けるための手段はいろいろある。紙に印刷された書誌情報は、資料を見つけるための安定的なインターフェイスと言える。だがここでは、検索エンジンやフィルタリングシステムなどより動的なシステムを取り上げよう。全文検索、図書館カタログ、ウェブ検索、企業検索（大規模組織内での検索）などが挙げられる。

検索エンジンによってある特徴を持った資料を絞り込むことができる。その基本メカニズムは検索語が資料の中に含まれているかどうかを調べることにある。検索システムは資料の静的なコレクションに対して行われるのに対し、フィルタリングサービスは送信されている情報を対象にしている。情報検索（information retrieval）という言葉は1950年に発明されて広く使われるようになった。しかし、より古い選択機械（selection machine）という言葉の方が、その動作を正確に伝えている。

検索の実践は文脈によって違ってくる。ここでは四つの違った文脈を考えよう。文書ファイルの検索、図書館目録、ウェブ検索、大規模組織内での検索（企業検索）である。

検索と選択

検索（retrieval）という言葉は通常、複数の手順を含んでいる。同定：資料を発見しその存在を確認する。位置確認：同定された資料のありかを知る。獲得：資料のありかから資料を取り寄せる。選択：資料の中から有用なものを選ぶ。「位置確認」と「獲得」は一連の手順であることが多いだろう。最も興味深いのは4番目の「選択」である。特に、前もって選択肢が分からない場合や、適切な資料が入手できるかどうかさえ分からない場合には、「そこそこ適切な」資料をどう探すか、といった課題となる。

こうした作業は以下の二つの工程に分けることができる。

1．曖昧でないクエリを使って位置確認と獲得を行う（データ検索と呼ばれることがある）。記録全体の規模や複雑さが技術的に問題になる場合もあるとはいえ、どちらかと言えば単純な工程である。

2．入手可能な資料が不正確さや曖昧さを残していた場合の発見と選択（資料検索と呼ばれることがある）。選択システムは複雑なものとなりがちである。属人的であったり、不透明であったりする。こうしたシステムを機能させるためには完全でなければならない。そうした要因は、構成要素の単純な性質から注意を反らせてきたように思われる。

発見と選択のシステムの中心機能はニーズと資料とのマッチングであり、適切な資料と不適切な資料との選別である。私たちは頭の中で選択肢の中から一つの資料を選ぶ。たとえば休暇の旅行先から友人や親族に葉書を出そうとするとき、もし住所が自信を持って思い出せなかったら、住所録を見なくてはならないだろう。同時に、葉書をもらったら喜ぶ相手として忘れていた人がいないかもチェックするだろう。リストやコレクションの規模が大きくなるほど、選択のための手助けが必要となる。ウェブ上の検索エンジンや、検索可能なデータベース、図書館の目録などはこうした機能を提供し、日常的なツールとなった。

こうした「選別機械」とは同定、位置確認、獲得に使われるデバイスである。選択はしばしば非常に多くなり、利用可能な選択肢とあまり馴染みがない場合がある。こうしたとき「選別機械」は役に立つだろう。たとえば検索エンジンは、利用者のためにページを選んでくれる。しかしながらあらゆる場合で、機械が最初に出したリストがそのまま使われることはない。その後に人の頭が加わり、機械が出してきた情報に手を加える。

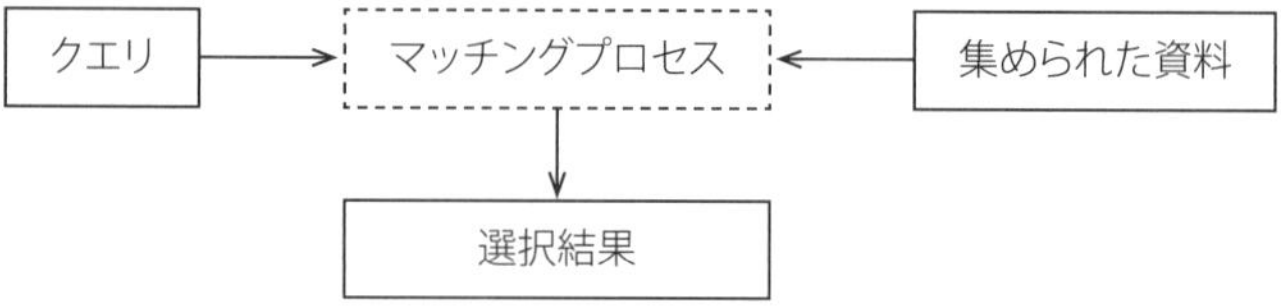

図8｜情報検索システムの一般モデル

電子メールなどに使われるフィルタリングシステムでは、対象物は表示され、フィルタリングにかけられ注目され、他のストレージに保存されるか、もしくは廃棄される。クエリが設定されると、それが選択のルールとして確立し、入ってくる資料の選別に使われる。データのフローで蓄積されたクエリを使用するフィルターは、安定して格納されたデータと一時的なクエリを使った検索システムとでは対称的である。

選別機械の解剖学

情報検索システムの一般モデルは、教科書には図8のように載っているだろう。それにどのくらいの説明が付されているかは、記述の目的によって違ってくる。

クエリと資料とは一つひとつ対応している。集積した資料をクエリにかけることもできれば（アドホック検索）、クエリを固定して流れてくる資料との一致を調べることもできる（フィルタリング）。

クエリとの一致にも多くの種類がある。「完全一致」「部分一致」「略語（短縮語）との一致」「（位置など）関係の一致」「ブール論理を使った一致（ANDを使った検索など）」が例に挙がる。部分一致には無数の段階があり、さまざまな技法を使うことができる。情報検索には、最少限の変数を使って説明を行う、広範な技術文献がある。個々の選別システムを動かす説明には、その特有なシステムの要素や「仕事の流れ《ワークフロー》」が必要となるだろう。しかしここでは、ごく一般的な説明をすることで、「資料内の検索」と、「資料を見つける検索」との区別から始めることにする。

文書を検索する

最も単純な選別の例としては、ワープロソフトの「探す」コマンドを利用するものがある。このコマンドを利用すれば、対象となる文章にその文字列が存在するかどうか、全文を一語ずつ前から後ろへと走査し、一致するものがあったら利用者の注目を引くような仕様になっている。

もし対象となる文書が長大なものであるならば、文書の中に出てくる単語の索引を前もって作っておき、どの単語がどの辺に出てくるのかを調べる「前処理」を行っておけば、検索自体の速度や効率は大幅に上昇する。すべての単語が見つけられたものとして索引づけされる。コンピュータ用語ではこうした再編成を「転置ファイル」(inverted file) と呼んでいる。

「文書内の単語」と「索引の単語」との一致は、伝統的には「コンコーダンス」(用語索引)と呼ばれる。厳密に言えば、検索の単位は、空白で区切られた文字列であって単語ではないが。単語は、意味の上で多重性があるだけでなく、別綴りがあったり、まったく違う意味の単語が同じ綴りであったりする。こうした「変種」は珍しくない。大文字と小文字とは区別されず、句読点も無視されるだろうが、文字列は意味にかかわらず自動的に索引付けされる。

コストのかかる人間の手間を省くという点で、全文検索は非常に経済的と言える。検索者の使っている検索語と、検索されている文書の用語法が一致している限り、「発見と選択」を効率的に行ってくれる。

冠詞（a, an, the）や前置詞（at, from, to など）といった非常に頻度の高い一部の単語は、効率のために除外することがある。また、知られている別綴りを加えるなどで、検索の精度を高めることも可能である。多数の文書を検索し、異なった文書間での単語の頻度を利用して、その検索語の頻度が高いものから表示するといった方法もあるだろう。

多義語の場合には、その近くにある単語から意味を判断するといったより精巧なアルゴリズムもある。たとえば英語の bank という単語には「堤」「銀行」という別の意味があるが、「水」、「魚」、「舟」といった単語が近くにあれば前者の可能性が高く、「融資」「抵当」「経営者」といった単語が近くにあれば後者の可能性が高い。「情報」と「検索」のような、よく一緒に現れる単語をペアとして使って、精度を高めることもできるだろう。アルゴリズムで生成された、文中のより複雑な単語の組み合わせも、開発されてきている。

図書館目録

典型的なオンラインの図書館目録はまったく違ったアプローチを取っている。注意深く構築された索引（データベース）が作られている。第4章で論じたように、各書籍の正確で詳細な説明や、図書館コレクションの年代などが、標準化されたやり方で念入りに作られているのだ。第4章では、対象—属性—値というアプローチを、人—年齢—45、書籍—トピック—経済学、といった実例で紹介した。

図書館目録では著者、タイトル、発行日、サイズ、出版社、出版地といった、重要と考えられる項目が記され、世界中の図書館の目録と対照できるように一貫した用語を使って正確に表現されている。以下にその属性—値の例を一つ出しておこう。

著者　　：アレックス・ライト
タイトル：大食（Glut）：時代を超えた情報征服
トピック：情報組織—歴史
トピック：情報社会—歴史
請求番号：Z666.5.W75 2007
発行年　：2007
サイズ　：286p、24センチ
出版社　：ジョセフ・ヘンリー出版社
出版地　：ワシントンD.C.

前章でも記したが、こうした種類のメタデータの目的は二つある。説明と検索である。書籍の持つ属性は他にもあり（たとえば装丁、活字、紙、重さなど）、こうした事柄に興味を持つ利用者も存在するが、目録作りにも費用がかかるので、最重要と思われる属性だけに限定されている。検索可能な目録の作成・維持にも相当の資源が必要で、検索可能な属性も限定されている。後半の四項目（発行年月日、サイズ、出版社、出版地）は通常、検索可能ではないが、検索結果には表示される。

初期のオンライン目録では、カードでの目録と同じように、利用者は属性を特定してそこに値を入れた（たとえば「著者」のところに「アレックス・ライト」と入れる）。したがってタイトルで検索する場合には、正確な題名（少なくともタイトルの始まり）を知っている必要があった。タイトル「大食」（glut）で検索すると、この語で始まるタイトルを持つすべての本が見つかる。コンピュータ関係のコストが下がり、さきに述べた全文検索の技術がタイトルの検索にも加わった。ブール論理を使って、「タイトル：大食　ＡＮＤ　著者：アレックス・ライト」とすると、この二つの条件をともに満たす書籍が見つかり、「タイトル：大食　ＯＲ　著者：アレックス・ライト」とすると、どちらか一方の条件だけ満たすものも見つかる。

属性の選択や値の提示は、一貫性と相互運用性とを達成するために、長い時間をかけて確立されてきた目録コードに従っている。記録の作成、検索可能な索引の準備、クエリの配置の手順や、検索結果の表示には、踏むべき段階がある。クエリと、検索可能な索引とが組となり、それが組み合わされた検索結果が整列《ソート》され、提示される。これが続いて行く。各プロセスによって新たな組が生み出される。こうしたプロセスは二つのまったく違ったタイプから成っていて、一つは対象の限定であり、もう一つは対象の再編である。この二つのプロセスは、第4章で記した、フェアソーンの言う「マーキング」と「パーキング」に対応している。

検索とは実際のところ、繰り返される一連の選択と言える。利用者はまず主題見出しをざっと見るところから始めるだろうか（第一の検索）。そして気になるテーマが見つかると、主題見出しに関連した資料の中で、最適のものを一つあるいは少数探し出す（第二の検索）。調べているうちに、さらに別の検索がより適切と考えるようになる（第三の選択）、といった具合である。

付録Aでは、綿密に設計されたシステムと、注意深く編纂された記録について、より詳細に説明している。

ウェブを検索する

図書館目録には注意深く準備された記録、標準化された形式、正確な検索の選択肢がある。ワールド・ワイド・ウェブ（WWW）の出現以前から、よく編集された検索可能なデータベースは存在していたのだ。ウェブの出現は新たな課題をもたらした。ホームページはおおむね標準化されておらず、編集もぞんざいで、コンテンツもきちんと構築されていない。図書館目録とはほど遠い。主題の説明すらないことが多く、あっても標準化されていない。ウェブページや他の資料の製作者は、注目を引くために、誤解されやすい説明を意図的につけることがある。ウェブページは量が非常に多い上に秩序立っておらず、図書館目録に対応する形で目録にするのは不可能と言える。

この問題に対して採用された基本的な解決法はシンプルだ。ウェブをダウンロードし、文書として扱うのである。ウェブをクロールする（ウェブ上の情報収集）ように設計されたソフトウェアが、なるたけ多くのページをダウンロードする。ウェブ・クローラーが見つけたページがコピーされ、蓄積される。蓄積されたページの各単語が、そのページのインデックスとして利用される。全ページのすべてのインデックスが結合されて、収集されたウェブページは量が非常に多い上に秩序立っておらず、図書館目録に対応する形で目録にするのは不可能と言える。

全ページの索引が出来上がる。クエリは、一つもしくはいくつかの単語の形で表され、そうした単語を含んでいないか、全ページ索引の中で検索が行われる。

このアプローチは極めて効率的であり、広大なウェブページを速く選択可能とする。しかしウェブの規模の巨大さのために、検索の結果もまた多く、しかもそれが無秩序に並んでいる。どのページが最もトピックにふさわしいのかを知るために、あるページと別のページのどちらが優れているのか、検索結果の中で「優先順位」が決められたら便利であろう。この問題の解決のためには学問分野での手法が使われた。重要と考えられる研究成果ほど多く引用されるという経験則である。したがって、論文や書籍の被引用度は、重要性を示す数字と考えられるし、そこまで言えなくても少なくとも人気の証拠にはなる。ウェブページはお互いをリンクで引用しているので、あるページがどのくらいリンクされているかを数えれば、ウェブ検索で見つかったページのランク付けに使える。「ダウンロード」「インデックス付与」「ページランク」という三つの組み合わせが、文字列やページランクへの依存という単純化がありつつも、強力かつ効果的な検索サービスを提供した。

検索エンジンには大きな需要があったので、検索結果に挿入される広告や、スポンサーページの表示から、実質的な収益を得ることができた。すべてのウェブページを伝統的な目録のように整備するには足りなかったが、検索結果を質的に向上させるソフトウェアの

「ダウンロード」「インデックス付与」「ページランク」という三つの組み合わせが、文字列やページランクへの依存という単純化がありつつも、強力かつ効果的な検索サービスを提供した。

開発は可能となった。スペルチェック用のソフトウェアや、全文検索に使われるその他の技法が、代替的な検索結果を提示するのに有益である。辞書やシソーラス（類語辞典）も、語彙の管理という点から（たとえば同義語や別綴語を結びつける）、検索可能なインデックスの向上に役立て得る。個人の検索履歴を記録しておけば、その人の意図を分析したり、関係する選択肢を提案したり、興味を持ちそうな広告を提示したりできる。

その他の例

組織が大きくなると、公共でも民間でも、必要なときに適切な資料を見つけるために、記録の管理が必要となる（「企業検索」）。規模はウェブ全体と比べれば格段に小さいが、それでも大きい。さらに大事なことには、時間が経つと、標準化や、用語法や、ソフトウェアの変化が記録されたものに波及してしまい、ソフトウェアが時代遅れとなったり、記録を保存しアクセスやセキュリティを確保するといったことが次第に難しくなる。吸収や合併によって「異物」と統合したり、サポートのないソフトウェアに対処する、といったことも起きる。こうした困難な環境では、異なったアプローチが結合される。図書館目録のように全文検索で使われる技術とともに、手頃な場所で、よく「シソーラス（類語辞典）」

「オントロジー（存在論）」などと呼ばれる「管理された語彙」が使われる。企業内の全部あるいは大部分の記録について、多少なりとも一貫した環境を構築するために、資料管理ソフトが使われることもあるだろう。

文書を検索する際、同時に使われることの多い語を活用することができるが、同様にデータセットの場合でも、予期しない関係、未知の関係を探り当てるために、「統計的に有意な相関」を探すことができる。こうした「データマイニング」が売上記録、ソーシャルメディア、ニュースなどに活用されている。

まとめ

「情報検索」という言葉は、すでに資料を見つけることにも、未だ知られていない資源を探すというより困難な仕事にも、使われている。その基本形は、資料やその説明文に対して項目で一致するかを調べる、というものだ。文書は最初から最後まで順に検索することもできるが、文書内の単語を索引にすれば効率も上がる。図書館目録のように、注意深く構築されたデータベースを検索することもできる。フィルタリングサービスや検索システムといった機械的な選択は、二つの要素から成っている。対象（データセット）と、それに対する操作である。そして操作には二つの形式しかない。変形（対象から別バージョンを抽出してそれを表す）と（再）編成（対象の分割、結合、ランク付け、並べ換えなど）である。この二つの操作は、フェアソーンの言う「マーキング」と「パーキング」に対応している。そして結果が、意味的《セマンティック》あるいは統語的《シンタクティック》に表される。より分かりやすく言えば、「描写」と「再編」ということになろうか。

次章では、選択方法をいかに評価するか、という問題を扱う。

第8章 選択方法の評価

検索を評価する研究が本格的に始まった1960年代、選択が成功した基準として「適合性」(relevance)という概念が採用された。これは「再現率」(recall)と「適合率」(precision)の二つの尺度で測られる。前者はあてはまる資料が漏れていないかという基準であり、後者はあてはまる資料だけが選ばれているか(間違ったものが紛れ込んでいないか)という基準である。この二つは実際のところ、トレードオフの関係にある。あてはまる資料をより完全に収集しようとすると、あてはまらない資料の数も増えてしまう。そして、あてはまらない資料の数を減らそうとすると、あてはまる資料の見落としも増え、網羅性は落ちる。

「適合性」は情報検索の中心概念であり、選択システムを評価する基準として君臨しているが、問題もある。資料が適合しているかいないかというのは、便利な基準ではあるが、非現実的な単純化でもある。実際には「いくらかは適合的」ということがある。あるいは適合性は、それまでどのような資料が選択されたかという文脈にも依存している。ある人資料が適合しているかいないかというのは、便利な基準ではあるが、非現実的な単純化でもある。

にとっては適合的だが他の人にとっては適合的でないとか、ある時点では適合的だが別の時点では適合的でないということもあるだろう。資料の証拠としての性質や、証拠としての役割に関連した認知的必要性の中に、その説明はある。

適合性、再現率、適合率

1．再現率は完全性を測る尺度である。あてはまる資料のうちどのくらいが見つかったのか？ 全部なのか？ 全部でないとしたらいくつなのか？ その割合は？ この答えは通常、クエリに適合する資料のうち、何%が見つかったのかという数字で表される。たとえば資料全体の中であてはまるものが実際には10件あったとして、見つかったものが8件だったとすれば、再現率は10分の8で80%である。システムを広く評価する場合には、多数のクエリを使い、その平均で測定することも可能である。

2．適合率は純粋性を測る尺度である。選び出されたのはすべて適切な資料か、それとも誤った資料が紛れ込んでいるのか？ 検出された資料のうち、適切なものの割合を専門用語で「適合率」と呼んでいる。10件の資料が選び出されて、そのうち適切なものが6件、不適切なものが4件だったとしたら、適合率は10分の6、60%となる。

適切な資料をすべて検出し（完全な再現）、かつ間違ったものは一つも選び出さない（完全な適合）という目標が、実際に達成されることはまれである。再現率を上げようとすると、適合しない資料も入り込んで適合率が下がり、適合しない資料の排除を厳格にすると、適合する資料もはねられて再現率が下がる。適合する資料だけを完全に網羅するような選択システムが望ましいが、実際には、「適合する資料はすべて網羅するが適合しない資料も含まれる」システムか、「適合しない資料は排除されるが適合する資料すべてが網羅はされない」システムかの、いずれかを選ばなくてはならないように思われる。いずれにせよ「完璧な結果」は得られない。経験からするとそれが普通である。なぜこうしたことが起きるのかについては付録Bで解説している。

無作為抽出の場合、完璧な検索システムの場合、現実的な場合の再現率

もし資料を全体からただ無作為に選び出すようなシステムがあるとすると、抽出された資料が適合するものである確率はつねに一定となる。たとえば１０００件の資料の中に１００件の適合する資料があるとする。百分率で言えば10％である。もし単に無作為に抽出されると、資料が適合するものである確率はつねに千分の百、すなわち10％にとどまる。

「適合する資料」は徐々に見つかっていき、すべて、もしくはほとんどすべての資料を検討しないと、再現率は100％にならない。

もし「完璧な検索システム」ならば、適合する資料だけをすぐに見つけ出し、最初の100件で再現率は100％となる。それ以降の資料はすべて適合しないものだが、適合する資料はすでに見つかってしまっているので、再現率はその後100％にとどまる。

実際の検索システムは、完璧ではないが、無作為抽出よりは良いと考えるのが現実的だろう。したがって、この理論的に極端な両者のケースの間に入る。無作為抽出よりましな検索システムであれば、当初から再現率はそれを上回る。最初に選び出されたものはおそらく適合する資料であろうし、検索が進むと再現率は急激に上昇するだろう。しかし、残った資料の中では、適合する資料は減っていくから、その上昇率はゆるやかになる。その結果何が起こるかというと、初めは良いが、残りの中で適合する資料が減っていくにつれて、改善率は下がるのだ。再現率が100％になるのはひょっとすると、最後もしくは最後に近い資料に達したときになるかもしれない。

無作為抽出の場合、完璧な検索システムの場合、現実的な場合の適合率

同様に適合率についても考えてみよう。無作為の抽出が行われる場合、適合率はつねに同じである。上の例ではいつも10％ということになる。どれほど多くの資料を検索しようと、適合率は10％程度にとどまるだろう。

完璧な検索システムならば、最初に見つけ出した100件がすべて適合しているであろうから、適合率は当初から100％で、それが続いていくだろう。以降はすべて不適合であるはずなので、もしそれも選んでしまうと、適合率は最後には10％まで落ちる。

そして実際の検索システムは、完璧ではないが、無作為よりはよい。最初に選んだものは適合している場合が多いであろうから、適合率は最初は良く、適合するものの割合が減っていくにしたがって、徐々に落ちてゆくだろう。

再現率と適合率とのトレードオフ

あてはまるすべての資料を選び出し（完全再現）、あてはまらないものは一つも選ばない

（完全適合）というのが理想だろう。ある程度まではこの両者をともに改善することはできる。しかし経験的には、この二つはトレードオフの関係にある。再現率を挙げようとして適合するものを広く求めると、適合しないものまで選び出してしまい、適合率が下がる結果となる。他方、適合しないものを排除するために注意深くチェックをすると、適合率は改善するであろうが、あてはまるものも除外してしまい再現率が犠牲になる。したがって再現率を上げて適合率を下げるか、適合率を上げて再現率を下げるかという選択を迫られる。この両者を同時に追求するのは無理である（詳しくは付録Aを参照）。

適合性に関するいくつかの問題

適合性は選択システムについての伝統的な基準であり、この分野の中心概念と考えられてきた。しかし適合性には定義も含めていくつもの問題がある。適合性とは、利用者が「求める」「喜ぶ」、利用者に「役立つ」ものを指すが、この三つにしても同じではない。評価も多分に主観的であり、知識のない人が検索を行えば、結果もまたあてにはならない。

適合性は文脈や、「利用者がすでに知っていること」に高度に依存する。利用者は学習によって変化する（変化すべきである）ので、どのような資料が適合するのかについても、検索する人の変化に従って変わるのである。

また、ある資料の適合性が、別の資料によって変化することはないというのが、標準的な前提として置かれている。この前提は便利ではあるが、過度の単純化で説得力に乏しい。同じような資料が二つあったら、通常両方は要らない。資料は増えたり減ったりするので、ある資料の適合性についても不安定なのである。

また、上記の議論も含めて、「適合」「不適合」という二分法で考える場合が多いが、これも非現実的である。実際の資料はむしろ、「いくらか適合的」「部分的に適合的」「わずかに適合的」「適合的かどうか分からない」といったものだろう。それに加えて、人が違えば判断も異なり、同じ人でも時間が経って判断を変えることがある。

情報サービスは目的のある事柄であり、ある資料がある人の精神活動に有益であれば適合的と言える。しかしここでさらなる難問が立ち上がる。誰にとって有益なのか？　有益かどうかを誰が決めるのか？　有益性をどうやって測定するのか？

「適合性」が難しい理由

こうした難問を抱えているので、適合性はこれまで情報科学の中心的な概念であり多くの才能が注目してきたが、未だに未解決であるのは驚くに当たらない。ハワード・ホワイト［2010］は適合性について、次のような優れた説明をしている。曰く、適合性概念はよく理解されてきたが、批判する者が言うように、正確な定義や、観察、科学的評価は未だない。

資料が適合的であるためには、実際にある人の精神活動にとって有用でなくてはならない。したがって適合性は、特定の個人に特有な主観的なものであり、予測困難かつ不安定なのである（特定の個人が必要とすることへの適合性は「パーティネンス」と呼ばれることがある）。したがって通常可能なのは、ある資料が、ある時点において、想定された利用者のクエリに適合するのかどうかを推定することしかない。

根本的に、資料は物理的側面と精神的側面の両方を持つ。科学的測定はその物理的側面に依存している。物理的側面は測定可能なので科学的に扱われるのだが、精神的側面は高度に状況に依存し、不安定で、主観的なため、科学的には扱えない。あらゆる資料には重要だが接近不能な精神的側面があるので、その適合性を科学的に測定することはできないのだ。したがって、形式的な推論や議論に基づく数学や物理学のように十分には、科学的にいかない。

現実は理想とはほど遠い。私たちにできることは、記号列を形式的に扱って物理的側面

資料が適合的であるためには、
実際にある人の精神活動にとって
有用でなくてはならない。
したがって適合性は、特定の個人に
特有な主観的なものであり、
予測困難かつ不安定なのである。

だけを使い、おそらくは同じトピックを扱っているであろう資料を見つけることである。記号列の一致はうまく作動するが、満足の行くものとは言えない。私たちは検索の後で、資料を探していた人に、見つかった資料が適合的であったかどうか尋ねることができるが、その答えも、他の人だったら、他の時点だったら、違っていたかもしれないのだ。

資料に精神的な側面がなく物理的側面のみだったら、適合性への科学的アプローチもうまく行くだろう。私たちはこの状況を、クロード・シャノンによる通信理論（今ではむしろ情報理論として知られている）の信号モデル化に見ることができる。この理論の科学的な質の高さ、現実での有用さは疑いないが、それは精神的、社会的な側面をばっさりと切り落としているから達成できたものだ。シャノンの情報理論を図書館情報学の中心に置こうという試みは成功しなかった。その理由は難しくはない。「個人が知ること」に関わる情報科学は精神的側面を要するが、シャノンの情報理論が強力なのはまさにその側面を除外したからなのである。検索理論やそれ以外の数理的技法と同じように有用だが、その「情報理論」という名前にもかかわらず、それにふさわしいだけの実体がない。

結局のところ適合性は、都合良く作られた組み合わせであり、才能ある学者たちが50年以上にわたって研究を重ねたにもかかわらず、直接に測定できず、概念として未完成の状態にとどまっているのは驚くには当たらない。しかし測定することは必要であり、似たような言葉を使った「代用品」も使われている。もし誰かが自転車についての資料を求めていたら、「自転車」という言葉が含まれた資料は、少なくとも部分的には、自転車に言及しており、選択する資料の中につけ加えるべきと推論するだろう。

まとめ

「適合性」は、選択システムを評価する際の最も中心的な概念である。しかしそれを測定手段に使うことは、複雑な現実をごく単純なものにすることに依存している。「適合するものをすべて選んだか」（再現率）と、「適合するものだけを純粋に選んだか」（適合率）の間には、トレードオフがある。そしてより根源的な問題は、資料は物理的な存在以上のものである、ということだ。測定を拒むような認知的要素があり、適合性を量的に扱うことは便利ではあるが、まだ科学とはいえないのである。

第9章 まとめと考察

まとめ

情報という言葉はふつう、ビットや本、その他のメディアといった、何らかの意味を担う物を指すのに使われ、広い意味での「資料」と言える。したがって、情報を物だと考えやすいのだけれども、パスポートの事例が示しているように、情報というものには社会的な活動が深く埋め込まれている。

狩猟採集社会からより複雑な社会への進歩を可能にしたのは社会的分業だが、それは同時に、情報の重要性を増やすという結果ももたらした。私たちの社会では多くの場合協力が不可欠だが、それはとりもなおさず、情報に依存するということである。情報への依存が増大した影響は小さくない。いろいろな人々が一人で、もしくは集団で、はたまた組織を通じて、関与している多くの事柄を、情報は目的をもって前進させる。厳密に言っても、あらゆる人間関係やあらゆる社会は、協力やコミュニケーションに依存している。「情報社会」において、私たちの生活のあり方はますます多くの形式の資料の利用によって、特徴付けられるようになった。人間が知ることと無関係な、専門的・技術的用語としての「情報」は、ここでは扱わない。

あらゆる生物の生き残り《サバイバル》能力は、感知し、意味付け、適切に対処することに依存している。したがって他者の応答を引き出すコミュニケーションは、協力のために圧倒的に重要である。人類は他の生物と比べてケタ違いの言語運用能力、映像制作能力、展示能力、道具使用能力を持っている。先史時代以来、書くこと、印刷すること、遠隔通信、複写《コピー》という四種の情報技術が重要性を増してきた。これらは、蒸気、電力、写真、そして今ではデジタルコンピューティングといった、引き続く工学上の進歩によって「燃料」を補給されてきた。

資料の拡大はそれを整理しようとの気運を生み、何が信頼できる資料なのかを確かめようとの考えを生み、問題や機会を記述するための想像的・メタファー的な言語を生み出した。

資料は通常は文書であったり画像であったりするが、何かの意味を表現するために作ら

「情報社会」において、
私たちの生活のあり方はますます
多くの形式の資料の利用によって、
特徴付けられるようになった。

れたものである。とはいえ、ウェールズ人のアイデンティティを表すリーキのように、ほとんど何でも「資料」になり得る。記号論的な観点からすれば、意味は受け手の心の中で構築されるもので、あらゆるものが意味を持ち得る。したがってすべてが資料と考え得るのである。もし「証拠」が資料であると考えるなら、幅広い事物や行動が、この拡張された意味での資料となるだろう。資料であるためには、物理的な形態を持つことに加えて、何かの意味を持たなくてはならず、それは理解の共有（文化的なコード）に依存している。データセットも資料の一種だが、デジタルのデータセットを時代を超えて利用可能にするためのインフラは、印刷資料と比べてはるかに遅れている。要求されることは基本的に同じであるはずである。学問上での実践、インフラ、そして書誌学、ドキュメンテーション、情報科学などとして知られている分野は、現代化をしなくてはならない。

個人が資料を使う目的は多様である。学習、研究、コミュニケーション、記録、楽しみ、観察などだ。私たちが他者と交流する場合も、メッセージや他の文書を介する場合が増えている。いかにそれらを利用し、そこから何を理解するかが、文化に不可欠な要素となっている。私たちはみな、小さいが複雑な世界に住んでいる。そして私たちが読むのも書くのも理解するのも、すべて文化的な文脈の中で行われている。事実でさえ文脈の中で理解されなくてはならない。

必要とする資料を探し、必要なときにそのコピーを入手するという問題は、資料に適切な説明を付け、コレクションを形成することで（マーキングとパーキング）、解決できる。リストは仮想的なコレクションである。検索は、資料に付けられた説明に依存し、説明が望みのものと一致している資料を探す。しかし、説明を付けるのも、クエリを確定するのも、簡単ではない。過去の言葉を使って将来を予測する行為だからである。

資料のトピックスを名付けるのも、言葉か記号か、用語統一の程度（どのくらい用語を標準化するか）、複合的なトピックスの組合せ（venetian blind か blind Venetian か）、精細度（どのくらい詳しくするか）によって多様である。説明は言語行為である。言語は時代によって変化し、それによって説明は時代遅れとなる。センシティヴなトピックスに対する説明文は、つねに挑戦にさらされている。

資料の説明（メタデータ）には技術的、管理的、トピックス的な側面があり、資料の性質を理解するのに役立つ。その資料が興味深いものかどうかという判断にも役立つ。説明文は、各資料の主題見出しなどを組み合わせて作られる。この関係を逆転させて、主題見出しに各資料を結びつけて索引を作ると、「ある性質を持った資料の発見」という第二の目的に役立つ。異なった言語（自然言語だけでなく「コード」や「分類」といった人工言語も含めて）の間で問題が発生する。よって私たちには、「馴れ親しんだ言語の馴れ親しんだ単語」

と「馴染みのない言語の馴染みのない単語」を結びつけるリンクが必要なのである。地理学における地名と位置（緯度と経度で表される）、時間における日付と出来事、数学における数式と（言葉での）説明など、二つの様式が有用に混じり合った、二重の名付けが成立している分野もある。単純にするための重要なテクニックの一つが、誰、何、いつ、どこといったまったく異なる概念類型（局面）への分割である。各タイプの用語を、言語の壁を超えて結び付ければ有用だが、実際、現実には概念的に異なった要素が結びつけられている。こうした複合的な関係を利用する機会は多数ある。

選択機構（探索、発見、フィルタリング、検索）は、「対象」と「対象に対する操作」というたった二つの要素から成っていると見ることができる。操作もたった二つ、一つは対象の変形であり、もう一つは編成あるいは再編成（組合せ、分割、並べ替え、ランク付け）である。この二つの作動（マーキングとパーキング）は、それぞれ「意味論的」「統語論的」と言える。もっと分かりやすく言えば「説明」と「再編」になる。選択システムも、この二つの作動のいずれかもしくはその組合せと言える。対象の中身を変形して抽出し、それを新たに並べ直す。

選択システムの評価に、伝統的に使われてきた指標が「適合性」であり、この分野の中心概念となっている。この概念が理想とするのは、適合する資料をすべて選び出し、適合しない資料は一つも選ばないということだが、この一見して単純に見える欲求には、いくつも深い問題がひそんでいる。適合する資料とは、利用者が求めていたもの、あるいは利用者を喜ばせるもの、利用者にとって有用なもの、といった意味であろうが、こうした評価はひどく主観的なものだ。不適切な情報をもとに検索が行われれば、評価もまた信頼できないものとなる。適合性は、利用者がその時点で何を知っているかに依存する、状況に左右される評価軸であり、利用者が積極的に学習し続ける（そうあるべきだろう）以上、不安定な概念でもある。さらに、「適合する資料をすべて」「適合する資料だけ」という二つの目標は、葛藤を引き起こす。実際問題、適合する資料をすべて選び出そうとすると、「適合する資料だけを選ぶ」という目標は犠牲になる。逆もまた真である。適合性が問題なのは、資料には物理的側面を超える何かがあるからである。何らかのことを語りかける事物が、資料と呼ばれるのである。そして、客観性や量的な測定を拒むのは、資料のこの側面である。

巻末の付録で、さらなる考察を行う。

過去と未来

第1章では、私のパスポートを例に、テクノロジーの役割を語った。第2章では、先史時代以来、人類が発話、踊り、身振り、描画を超えて、新しい一連の技術発展を遂げたことに着目した。それは、書くことであり、印刷であり、遠隔通信であり、コピーである。新しいツール（蒸気機関、電気、写真、今ではデジタルコンピューティング）によってさまざまな種類のコミュニケーション、記録、資料が爆発的に増えた。そのため、激しさを増す「情報洪水」の中で、ある時点で必要な少数の情報を発見、選択するための技術もまた登場するようになった。情報技術の多くは、時間・空間的な分離による影響をなるたけ小さくしようという努力だと見ることができる。過去から現在へと引いた線を未来へと延長して、これらのテクノロジーが今後どうなるのかを考えてみよう。

1．書くこと。もとは話した内容の記録であったが、「すべてを記録する」という方向へと着実に動いている。

2．印刷。もとは文書の複数化であったが、あらゆるものの複製へと動いている。

情報技術の多くは、時間・空間的な
分離による影響をなるたけ
小さくしようという努力だと
見ることができる。

3．遠隔通信。資料の輸送だったものが進化し、事実上、即時に行われている。
4．資料のコピー。これは技術的に、映像分析や発展する映像技術を利用するかどうかに依存しており、単なる複製の作成にとどまらない。今後の発展を論理的に考えると、データセットの視覚化や分析を含む、資料分析や表現の分野へと向かうだろう。
5．発見と選択。すべてを飲みこみつつあるウェブの中で、あらゆる資料とあらゆる資料を結びつける方向へと、着実に進んで行くだろう。

上記のような動きはインフラにも依存している。インフラとは、知的財産やビジネスを支える法制度、メタデータの標準化された用語、市場、補助金、上品さ（decency）・プライバシー・安全（security）などの文化的価値に関連する規制、などを含んでいる。（物理的な）資料に精神的に関与する機会は、社会的権力によって強固に枠づけられている。企業や政府には、私たちの行動を観察し記録したい動機があるからだ。

デジタル技術の普及に伴って、写真と印刷が組み合わされて「写真印刷」（photolithography）を生み出したような技術の結合が、あらゆる技術発展へと広がり、それまで違ったジャンルだったものが織り合わされて新たに豊かな「つづれ織り（タペストリー）」を作り出している。テクノロジーがこのように進んで行くとすると、いつでもどこでもすべてが記録さ

「個人が資料を利用して利益を得る
社会」から、「資料という体制が
個人に影響を与え、コントロールし、
個人から利益を得ようとする社会」
へのシフトが起きている。

れ、あらゆるものが複製され、地理上の距離にかかわらず即時的な相互作用ができ、記録はより強力に分析され、プライバシーのない社会が来るだろう。「個人が資料を利用して利益を得る社会」から、「資料という体制が個人に影響を与え、コントロールし、個人から利益を得ようとする社会」へのシフトが起きている。

コピーすること：口述から文字、そして資料性

こうした未来像を妥当なものとして受け入れるとすると、このように想像された未来から歴史上の過去を振り返るとき、私たちが時代の発展に取り組むにあたってどんな意味があるだろうか？

第一の事例として挙げた、「文書からあらゆるものの記録への発展」は、文書による言葉の固定化と、それが口述文化といかに違っているかについて、多数の文献が書かれてきたことからも、興味深い問題であると言える。口述文化が支配的だった時代、修辞法《レトリック》や弁論術が教育の中心だった。プラトン『パイドロス』の中でソクラテスが、文書は口頭での議論より劣っている、それは生きていないからだ、と語ったことは有名だ。状況が変わっても、文書が自ら説明したり、質問に答えたり、間違いを正したりすることはない。しか

し文書の固定性こそが時空間を超えた一貫性をもたらし、より大規模で標準化された社会組織を可能にした。

口述文化から文字文化への移行については多くのことが書かれている。たとえば、記録が保存されるようになると、覚えたり思い出したりする技術（記憶術）の有用性は低まった、など。これはやや単純に過ぎる。第一に、口述を強調することは、ダンスや音楽、儀式といったものがコミュニケーションに持つ重要な役割を軽視している。第二に、歴史は付加されていくものであって、口述文化の上に文字文化が重なっていったのである。デジタル技術が書くことや話すことに影響したように、文字文化が口述文化に影響を与えたのだ。

現在、文字よりも資料の重要性が高まっている。私たちに影響を与える記録のうち、人間が直接に読んだり作ったりするものは減っているのだ。たとえば商業や交通の分野では、印刷されたバーコードを使って情報がやりとりされている。人間はそれがバーコードであることは分かるが、読み取って解釈することはできない。バーコードやセンサー、データベースなどが使われるデジタル環境の中では、私たちの生活に作用するさまざまな資料が、人間には読めないものになっている。それどころか人間には見えないものも増えている。

人間はますます資料を使うようになっている（また、そうでなくてはならない）が、最後の砦として頼るのは、信頼できる友人からの助言であろうし、それが基本的な行動となっている。検閲や文書破壊も、この枠組みで見ることができる。たとえばナチスが行った書籍の焼却も、彼らの「近代文明の進歩」という観点から、文化を保護し強化するためだった。

資料がますます機械に読ませるものとなっているのには多くの異なった理由がある。電子的な、機械が読むための資料は、そのままでは人間には読めない。プレーンテキストにするためでも、特別な表示や視覚化が必要となる。機械はそれで作動するようにプログラムされている。私たちは現実問題として、デジタル文書を読むことをデジタル技術に委ねてしまっており、私たちは読み手として主役ではないのである。機械がそれに従って作動し、私たち自身では読めない規模の資料から、新しい記録を抽出する。これはもはや、あらゆる意味で「リテラシー」ではなく。通信や記憶の新局面であって、新しい用語が要る。文章の読み書きを中心とした社会から、資料社会へと移行していると言えようが、しかしこの変化は「累積的」なものである。資料社会の中にも、文書（やダンスや描画や他のパフォーマンス）も含まれているのだ。

どのような種類の分野か?

情報学とはどのような種類の分野なのか? この分野にはきらびやかだが意味の曖昧な言葉がたくさん溢れている。たとえば世界脳、外部記憶、適合性、作品(価値があるとされたアイディアの組み合わせ)、コンテンツ、ミーム、共同知、情報社会などだ。「知る」ことができる主体は生物だが、資料を記録された知識と言ったり、機構や制度が「知る」と表現するのは便利だ。こうした想像に溢れた言葉遣いは役に立ち、変化の激しい分野ではよくあることではあるが、情報と社会について明確に理解しようと思うなら、綿密かつ厳密な分析によって補われなければならない。

情報の研究にも曖昧な用語はある。その典型が「適合性」だろう。ある認知された目的に対して資料が適合しているかどうかを指す。また「作品」は、知的もしくは芸術的に達成されたことの抽象的な言い方だが、その達成されたことの物理的な表現や表象からは区別される。

情報のあらゆる表象は物理的なものであり、あらゆる情報システムや情報サービスは人間が作ったものであるから、情報科学はハーバート・サイモンが「人工物の科学」と呼んだものにあてはまる。同時に情報は、社会との関係では、本質において文化的なものでもある。情報学をより科学的（形式的、量的といった意味）にしようという欲望は、形式的な定義や正確な測定、論理的操作を拒む文化的側面の排除を追求する。情報への形式的なアプローチは高度に発展を遂げ、実用上の目的のために有用である。にもかかわらず、情報学の根元を制限することは、研究者の視野を狭くする。私たちはそれとは対照的に、ヒトが知ったり知らせたりというプロセスを根とする情報研究を主張し、より現実的なアプローチを選好してきた。両者とも妥当なものではあるが、大きく異なっている。

大いに役立つ形式的なシステムと、そうした有用なデバイスが依存している知識、それも十分に現実を反映しない単純化された前提に基づく知識との間には、対立関係がある。人間の行動にかかわるものであれば、他の分野においても、そうした対立は妥協を余儀なくされてきた。たとえば優雅なミクロ経済学の手法は強力だが、人間の行動に非現実的な合理性という前提を置いている。同様の関係は、言語学や、他の人文社会科学分野でもあるだろう。情報科学を他の確立された研究分野と比較してみても、こうしたことは確かだ。

冒頭に挙げたパスポートの事例を初めその他の事柄を考え合わせてみても、情報と社会との複雑な関係を解明するという課題に立ち向かうには、物理的側面、精神的側面、社会的側面を組み合わせたアプローチが必要である。

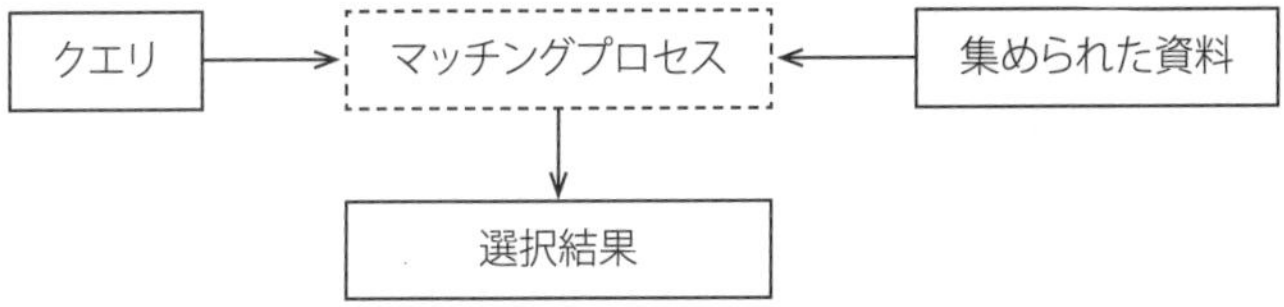

図9 | 選択システムの一般モデル

付録A　選択を分析する

第7章で、図9のような、教科書によく載っている情報検索の基本構造を記した。どのくらい詳しく描くのかは、その記述の目的に応じていろいろである。クエリと資料とが対称関係にある。

オンラインの図書館目録は通常、高度に構造化されたデータベースを使っているが、ここでは一般化された記述を使って、このようなシステムがどう機能するのか実証しよう。

広い環境の中で、目録に収められた資料があり、質問をする人間がおり、多様な外部資源（たとえば米国議会図書館主題見出しのような、標準化された語彙を使うもの）があり、主題の分類枠組みがあり、従うべき規則や手続きがある。

出力されるのは検索結果だが、エラーメッセージやフィードバックレポートが出力される場合もあるだろう。

システムの内部で何が起きているのかは図10に示した。図10がオンライン図書館目録の例である。実線で示した箱はプロセスであり、破線で示した箱は質問や目録などの記録を含んだものである。白文字で示したのはオプションであり、矢は流れを指している。目録に収められた資料（書籍など）が右上の箱（箱1）、目録化のプロセス（箱2）は規則や標準化された語彙、他の資料（箱3）に基づいており、その結果として目録（箱4）が作られる。現実には、目録のすべてが検索可能というわけではなく、それ以上のプロセスがアクセスポイントの選択（箱5）を決定し、検索し得る索引エントリーのセットが作られる。これを、「エントリーの語彙」（箱6）とも呼ぶ。

利用者は訊ねたいクエリがあり（箱7）、その訊き方は検索システムの語彙に対応している必要がある（箱8）。一つ、もしくは複数の、受容可能な検索語が選ばれ（箱9）、それが形式を整えられて（箱10）、「形式を整えられたクエリ」（箱11）が出来上がる。それが「エントリー語彙」（箱6）とマッチング（箱12）されて、検索結果群（箱13）が導出される。

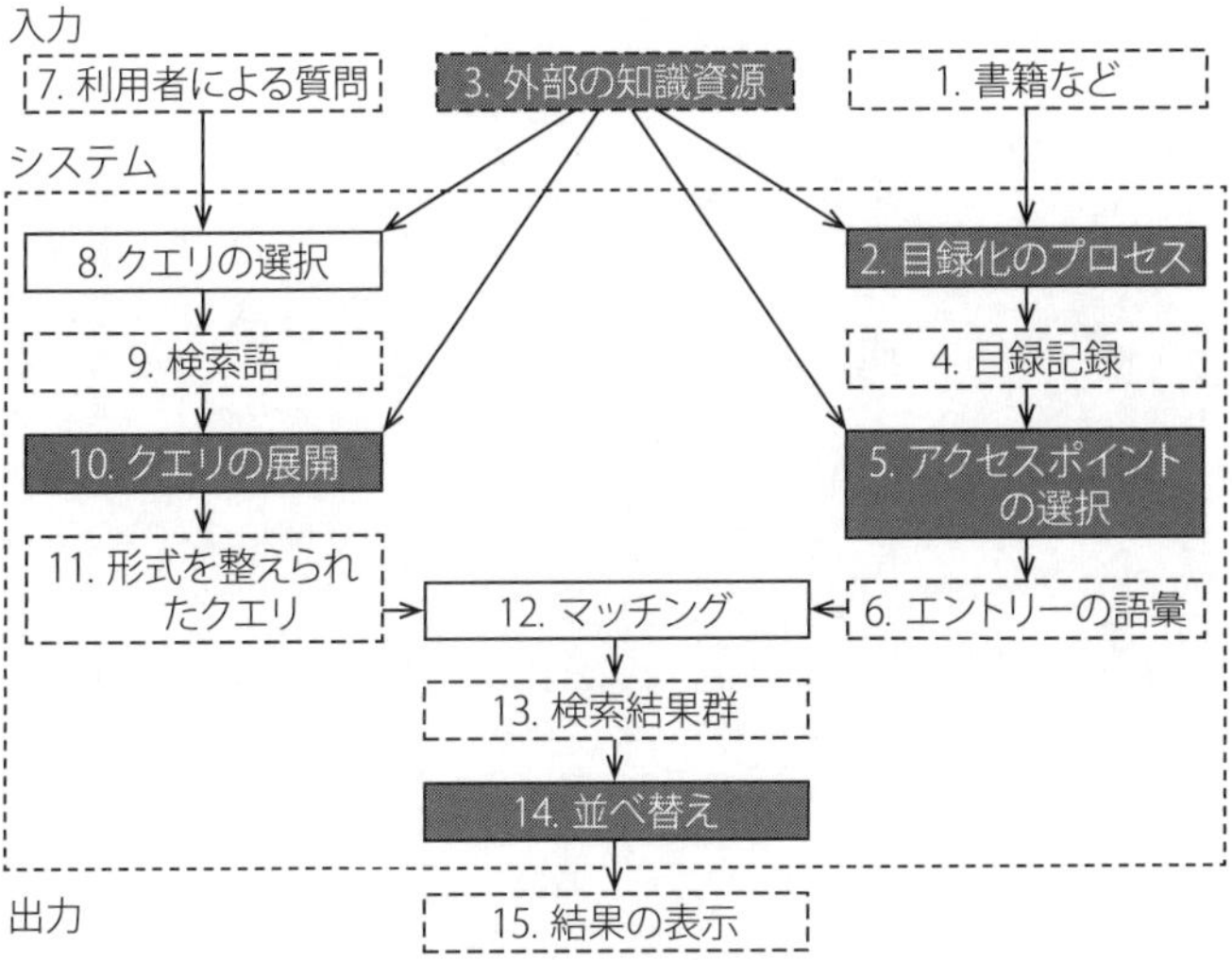

図10 | オンライン図書館目録の最小限のモデル

さらに並べ替え（箱14）を経て、検索結果として表示される（箱15）。

図10については、もう少し付け加えておくべきことがある。

1．左右対称の構造をしており、根本において、クエリと資料とは原理的には交換可能である。

2．「事物」と「プロセス」とが交互に来ている。書籍が目録化され、目録記録ができる。目録記録から検索可能な索引が作られる。利用者のクエリは形式を整えられる。それと、検索可能な索引とのマッチングによって検索結果が呼び出される、といった具合である。この図では、事物は破線で、プロセスは実線で示していた。

3．破線で示された「事物の箱」はそれぞれ、0、1、もしくは複数の記録を含んでいる。収集された書籍が目録化され、目録の記録ができ、それがさらに検索可能な索引の集合へと変形される。流れてくるクエリは通常は一つである。そしてマッチングの結果は、ゼロであったり複数であったりする。

4．各プロセスから新たなセットが派生する。

5．各プロセスは、二つの異なった型に分けられる。一つは事物の変形（箱2、箱10）であり、もう一つは事物の再編（箱5、箱8、箱12、箱14）である。

6．実際のところ、検索は複数の選択プロセス段階の積み重ねである。たとえば、まず主題見出しをざっとみる（第一の選択）、関係ありそうな主題見出しを選んだら、それに結びつけられた資料を表示させる（第二の選択）、さらにそこから役に立ちそうなものを一つもしくは複数選び出す（第三の選択）、といった具合である。

第8章で説明したように、選択システムを評価する標準的な手法が「適合性」である。あるクエリに対してその資料が適合しているかどうかという二分法の判断が基になっている。適合性を測定するのが二つの指標である。一つは「再現度」で、適合している資料をどのくらい完全に選ぶことができたか、もう一つは適合している資料を選びそうでない資料は選ばないことを示す「適合度」(precision ratio は通常「精度」と訳す)で、選ばれた資料のうち適合していたのはどのくらいかで測る。ここではグラフを使い、選択手法によってこの二つの数字がどう変わってくるのかを示してみよう。

再現率のグラフ

全部で１０００件の資料があり、そのうち適合するものが１００件であったと仮定する。これは不自然な数字だが、説明のために簡略化した。

次ページの図11の横軸は、累積的にそこまで検索された資料を0から1000で示している。縦軸は再現率で、適合する資料がどのくらい選ばれたかである。再現率のグラフは必然的に、原点O（左下）から始まる。まだ検索が始まっていない段階では再現率も0％だからである。そして、すべての検索が終わり、再現率も100％となる右上の点Aで終わる。したがって再現率のカーブはみな、左下のOで始まり、右上のAで終わる。興味深いのはその形状である。

図11はOからAまでの再現率曲線を、無作為（ランダム）な検索（点線で示した）、完璧な検索（太線、OBA）、現実的な検索（破線）、逆検索（下側の太線、OCA）の四種類について描いている。

もしランダムに選び出すという手法を取るならば、次の資料が適合しているかという確率はつねに一定の1／10であるので、再現率は図の点線で示されている通り、OからAまでまっすぐな直線を描く。

もし完璧な検索システムがあるならば、適合する資料のみが選ばれ、それをすべて選んだ後は、残りはみな適合しない資料でなくてはならない。したがって再現率は、Oから角度の急な直線で頂上（点B）に向かい、100の資料で100％に達する。残っているのは適合しない資料ばかりであるので、以後再現率は、そのまま水平に右へ、点Bから点A

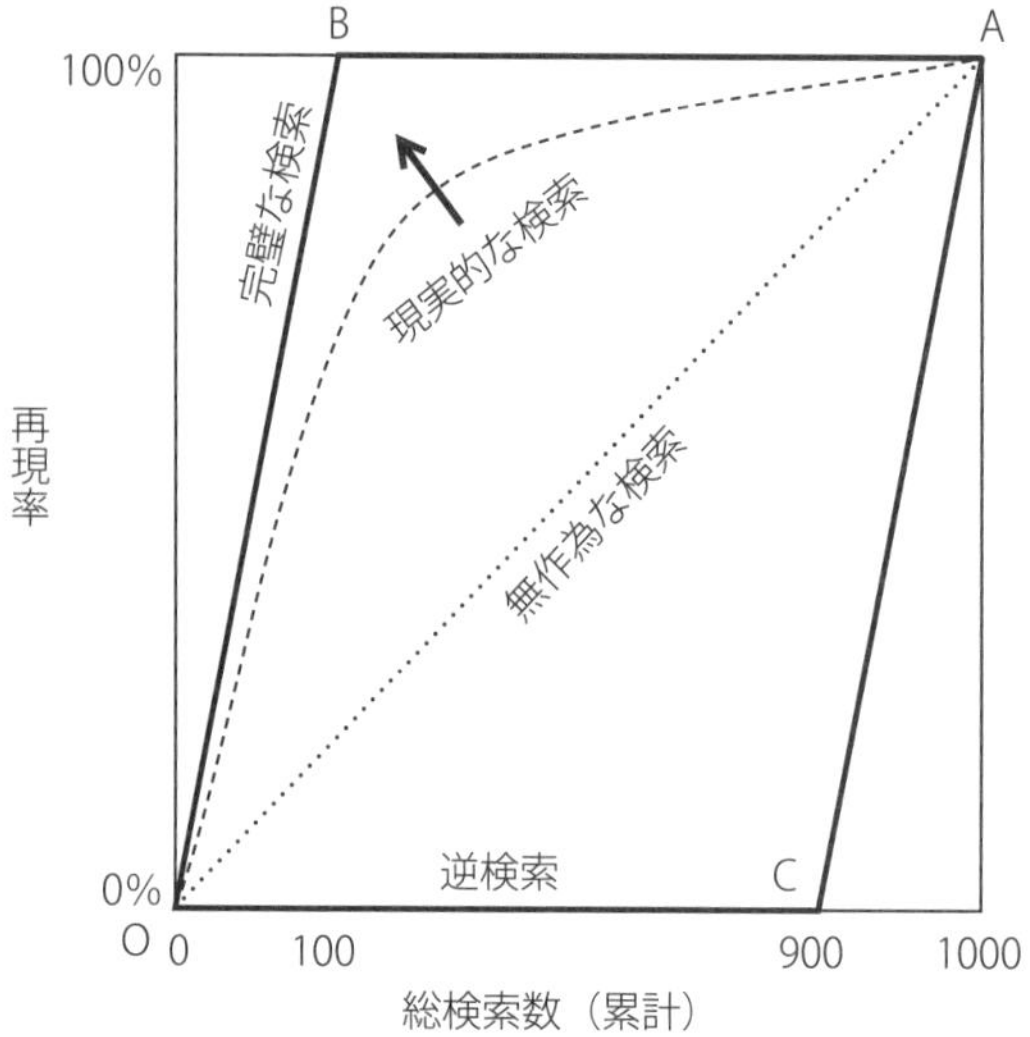

図11｜無作為な検索、完璧な検索、現実的な検索、逆検索の再現率グラフ

へと向かう。

現実的な検索システムは、完璧な検索システムより下、無作為な検索よりは上、したがって再現率の曲線はその間を行くはずである。点Oを出発して、無作為な検索よりは急角度で上がって行くが、非適合の資料が増えるにつれて無作為な検索よりもその角度はゆるやかになる。その結果、再現率の曲線は、最初は無作為の直線よりも速く上昇するが、だんだん寝て行き、最後に点Aに到達するという形になる。そして、現実にはつねに正確で完璧な検索システムは存在しないので、この線は完璧な検索システムの再現率の線より下になる。したがって三角形OBAの間を通るはずで、破線で示された形状に近くなる。システムが完璧に近づくほど、矢印で示されるように、再現率の曲線も無作為な検索から完璧な検索の線へと近づいていく。

理論を完全にするために、まず不適合なものばかりを選び出すという「最悪のシステム」を想定してみよう。この想像上のケースでは、再現率はまず水平に点Cへと向かい、その後点Aまで上昇する。

結論として、

1. あらゆる再現率曲線は平行四辺形OBACの中を動く。
2. 実際に意味があるのは無作為なものよりましな検索システムだけであるので、現実の検索システムの再現率は三角形ＯＢＡの中を動く。

3．検索システムのパフォーマンスが上がるほど、再現率曲線は無作為の直線ＯＡを離れて、折れ線ＯＢＡへと近づいて行く。別の言い方をすると、矢印で示した方向へと動いて行く。

適合率のグラフ

同様のグラフを適合率についても描くことができる。それが図12である。

同じように資料全体の１０００件のうち、適合するものが１００件であるとしよう。ランダムに選択した場合、10件中9件が不適合の資料となる。適合率も百分率で表されるので、ランダムな場合の適合率は、どこでも10％になるはずである。図12ではそれを、点Ｄから点Ｅの、水平の点線で示している。

完璧な検索システムでは、最初からすべての適合する資料が見つかる（点Ｂ）まで、適合率は１００％である。それを超えて選んでしまうと、もはや適合しない資料しか残っていないので、適合率は減少し、最後には全体の適合率（ここでは10％）にまで下がる。したがって完璧な検索システムの場合、適合度はまっすぐに点Ｂに向かった後、凹形の曲線

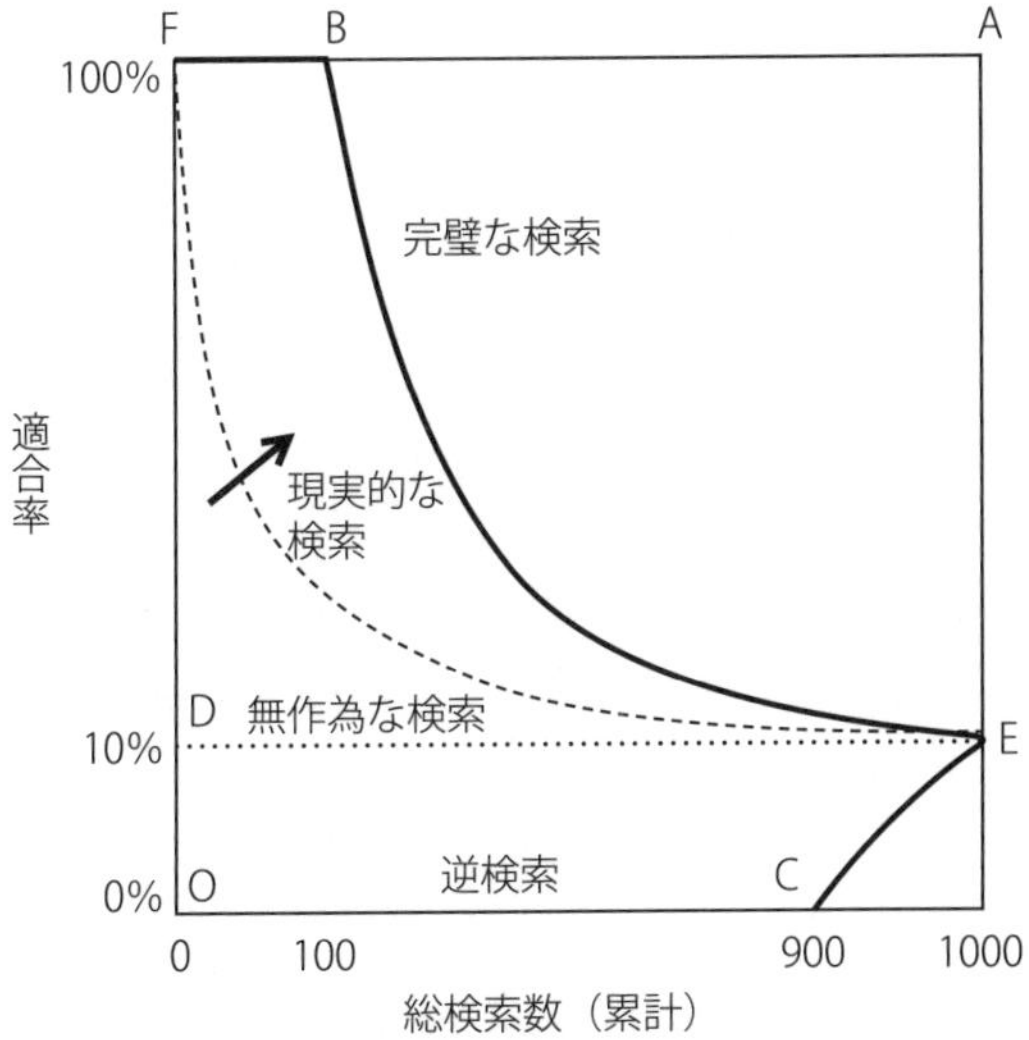

図12｜無作為な検索、完璧な検索、現実的な検索、逆検索の適合率グラフ

で点Eに向かう。

完璧な検索の真逆の、最悪のシステム（逆検索）では、最初に適合しない資料ばかり選びだし、９００件に達するまで適合する資料は現れないので、適合率は原点から点Cへと水平に進む。その後は適合する資料だけとなるので適合度は上昇、凸型の曲線で点Cから点Eに到る。

現実の検索システムはいずれも、ランダムよりはよく完璧なシステムよりは悪いので、適合率のグラフもこの二つのグラフの間に入る。最初は１００％近いところから出発して、凹形のカーブを描いて点Eに達することになるだろう。そのパフォーマンスが完璧なものに近づくほど、矢印で描いた方向に線がシフトする。

適合率と再現率の関係

再現率と適合率がそれぞれどのように推移するかを見てきたが、この二つを同じ図の中に描くこともできる。それが図13である。

ランダムに選ぶ場合、再現率がいくつであっても、適合率は10％のままである。したがって、点Dと点Eを結ぶ水平の点線で示される。

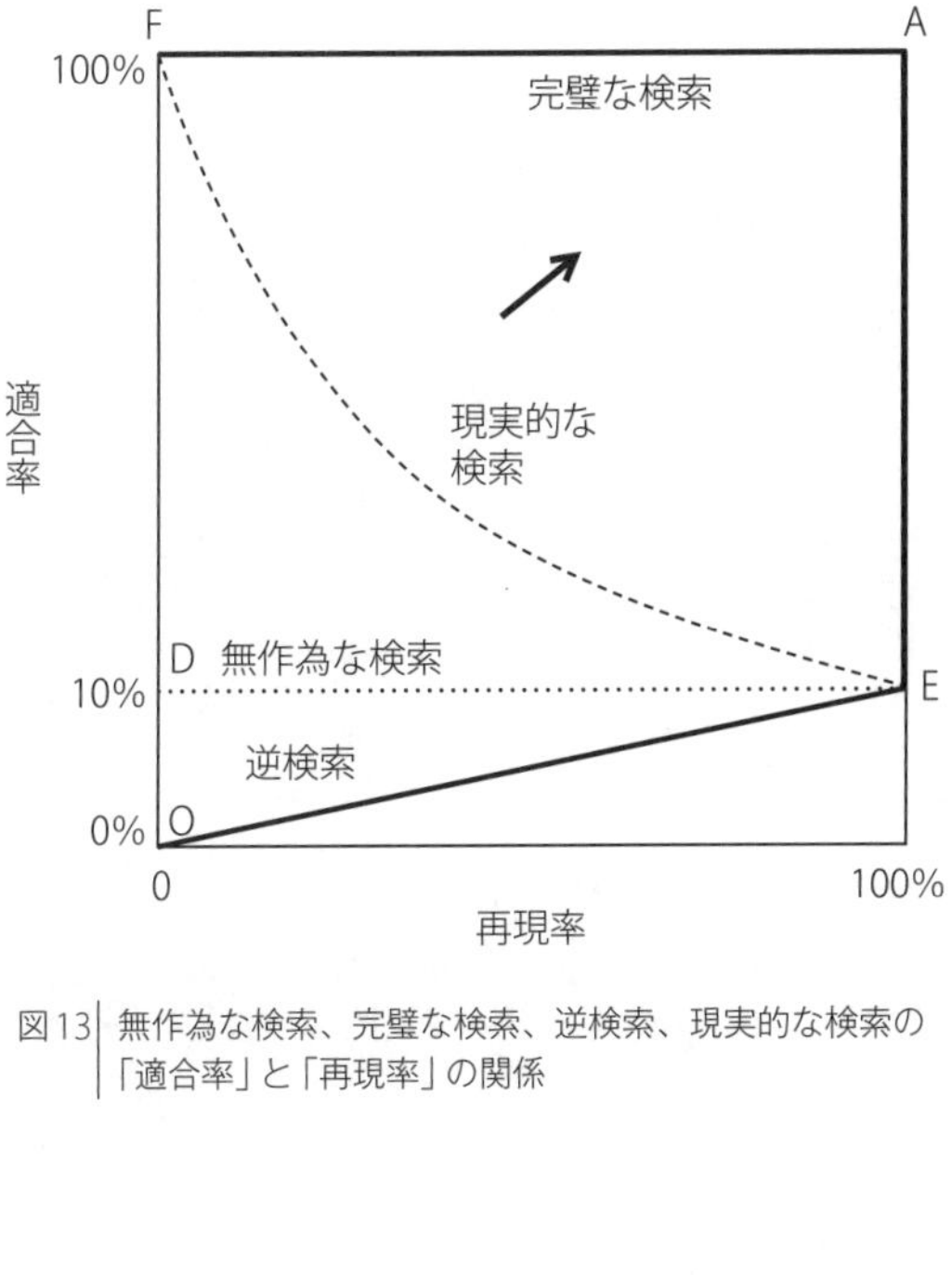

図13　無作為な検索、完璧な検索、逆検索、現実的な検索の「適合率」と「再現率」の関係

完璧な検索システムの場合、最初から適合する資料しか選ばないので、適合度は100%からスタートする。したがって図中では点Fから点Aへと水平に移動する。しかし以降は、適合しない資料しか残っていないので、適合度は点AからEへと垂直に落下する。

そして最悪のシステム（逆検索）の場合には、最初の900件は再現度、適合度とも0のため、原点Oにとどまる。最後の100件になり適合する資料が出てくると、両者ともに上昇を始め、まっすぐな直線を描いて点Eに到る。

現実の検索システムは、図11や図12と同じように、無作為な検索と完璧な検索システムの間を行くことになる。最初は適合率が100%に近いので点Fのそばから出発し、凹形の曲線を描き、最後には点Eに到達する。検索システムが完璧なものに近づくほど、矢印で示したように、線も右上の、完璧な検索システムの描く直線の方へと近づいてゆく。

完璧な検索システムと、それとは真逆の最悪のシステムとを例に取るのは、取る可能性のある空間を明示するためである。そして、完璧なシステムと、無作為なシステムとの間の空間が、現実の検索システムが通るであろう場所である。無作為よりはましな検索システムは、図13にあるようにこの空間を右下がりに推移して行く。別の言い方をすると、無作為よりはましな検索システムでは、適合率と再現率の間のトレードオフは避けられない。

「適合度」が伝統的に、検索システムを評価する指標としてこの分野の最も中心的な概念だった。適合する資料をもれなく探し出すべきだ、というのが根本的な考え方だが、この単純な理想は、しかしさまざまな意味で問題を含んでいる。「適合する資料」とは、利用者に求められている資料、必要とされている資料、あるいは利用者を喜ばせる資料、利用者にとって有用な資料であろう。しかしこれらは同じではなく、その評価も高度に主観的なものとならざるを得ない。知識の乏しい人が検索を行えば、結果もまた信頼できるものとはならないのである。適合性は高度に文脈や、「利用者がすでに知っていること」に依存する。利用者は学習によって変化する（変化すべきである）ので、どのような資料が適合するのかについても、検索する人の変化に従って変わるのである。また、ある資料の適合性が、別の資料によって変化することはないというのが、標準的な前提として置かれている。この前提は便利ではあるが、単純化のし過ぎで説得的ではない。同じような資料が二つあったら、通常両方は要らない。さらに、「適合する資料をすべて」という目標と、「適合する資料だけ」という目標とは矛盾する。「すべて」という点（再現率）を重視すれば、「だけ」という点（適合率）は犠牲になる。逆もまたそうである。

まとめ

後知恵になるが、ここで述べてきた矛盾は、検索の効率性を定式化するやり方から必然的に由来するものである。あらゆる資料を適合するかしないかで二分すると、最初に適合する資料を見つけ出してしまえば、残っているのは適合しない資料であるので、その後のパフォーマンスは悪化するのである。適合性の概念は理解しやすいが、現実への応用を拒む点がある。私たちは荒削りであっても実際に役立つような代替的な概念に立ち返る必要があるだろう。

訳者あとがき

本書は、Michael Buckland "Information and Society", MIT Press, 2017 の翻訳である。定評ある入門書・解説書の多いＭＩＴ出版局の「エッセンシャル・ナレッジ・シリーズ」の一冊である。

著者のマイケル・バックランド氏は１９４１年にイギリスで生まれ、オックスフォード大学卒業後、シェフィールド大学で博士号を取得した。図書館情報学の分野で学問的業績を上げた大物の一人と言えるだろう。現在はカリフォルニア大学バークレー校の名誉教授となっている。

本書の原題は直訳すると「情報と社会」という地味なものだが、中身は入門書としてもユニークである。メディア論や情報社会論と図書館情報学との融合と言えばいいだろうか。情報が個人や共同体の中で果たしている役割が論じられ、資料の性質が論じられ、いかに資料にメタデータを付して検索するか、といった実用的な話題にも話が及ぶ。メディア論を学びたい読者も、図書館情報学を学びたい読者も、いずれも新鮮な気持ちで接することができるのではないだろうか。私が本書を読んで翻訳しようと思い立ったのも、そうした心持ちからである。

出版は「エッセンシャル・ナレッジ・シリーズ」を多く翻訳出版されている日本評論社に

お願いした。担当編集者は佐藤大器氏である。記して感謝する。

2020年1月

田畑　暁生

用語解説

あ、か

■**インフラ**(**Infrastructure**)
機能させるための補助的な資源。もともとは輸送や軍事作戦などに使われる言葉だったが、次第に大規模な業務を支えるものや付随するサービズへと意味が拡張した。

■**間主観的**(**Intersubjective**)
複数の主体が主観を共有する状態。

■**記号論**(**Semiotics**)
記号や象徴についての学問や理論。とりわけ言葉や資料の意味を扱う。

■**局面**(**Facet**)
基本的な分割によって分かたれた側面。たとえば、「何」「いつ」「どこ」「誰」「なぜ」「いかに」というのは、出来事の異なった局面である。

■**検索**(**Retrieval**)
何かを見つける手順を一般的に指した言葉。たとえば、同定(資料の存在を発見する)、位置確認(資料のありかを調べる)、獲得(資料のありかから資料を取り寄せる)、選択(選ぶ意味)など。

■**現象**(**Phenomenon**)
認知されたもの。

■**現象学**(**Phenomenology**)
経験と知覚に関する学問。

さ

■**再現率**(**Recall**)
情報検索において、クエリに適合する資料のうち検索結果に現れたものの割合。

■**事後結合検索**(**Postcoordinate search**)
情報検索において、二つ以上の概念を組み合わせて一回で検索すること。「事前結合索引法」も参照。

■**事前結合索引法**(**Precoordinate indexing**)
索引付けにおいて、複数の概念の組み合わせが作られるような索引付けシステム。「事後結合検索」も参照。

■**写真平板**(**Photolithography**)
平板を使って写真のような画像を印刷すること。

■**書誌、書誌学**(**Bibliography**)
1. 書籍他の出版物のリスト。
2. 書籍他の出版物に関する研究。

■**資料**(**Document**)
記録。通常は文章だが、より一般的に、何らかの証拠とみなされるようなもの。

た

■**適合**(**Relevant**)
情報検索において、クエリに適合していると考えられること。

■**適合性**(**Relevance**)
情報検索において、クエリにどれほど適合したかを示す基準。

■**適合率**(**Precision**)
情報検索の結果において、適合するとされた資料の割合。

■**典拠リスト**(**Authority list**)
索引に出てくる用語の曖昧さや非一貫性を減らすため、典拠リストに載っている優先使用語(preferred terms)だけを使って用語統一を図る。典拠リストでは、非優先使用語(non preferred terms)との相互参照ができるようにする。「優先使用語」も参照。

な、は

■認識論(Epistemology)
知識それ自体を問う学問。

■ハイパーテクスト(Hypertext)
他のテクストへのリンクを含むテクスト。

■フィルタリング(Filtering)
通信されている記録に対して、静的な質問項目を使って選別すること。

■フォトスタット(Photostat)
ネガを使わずに直接印画紙をカメラに入れて作られた写真画像。20世紀初頭の重要な資料複写技術。

■プロソポグラフィー(Prosopography)
人物についての資料を基軸とした歴史研究。

■文化(Culture)
通常、文化という言葉は、オペラや古典音楽、美術展といった「高級文化」を指す語だが、本書では「私たちがいかに毎日を生きているか」という学問的な意味で使っている。よく引用される定義では次の通り。「文化あるいは文明とは、広い民族学的な意味では、社会の成員が獲得した、知識、信念、芸術、道徳、法律、習慣などの能力もしくは行為を指す」(Taylor [1871], p.1)。

ま、や、ら

■メタデータ(Metadata)
文字通りには「データを超えるもの」。資料、記録、データについての説明。データについてのデータ。

■優先使用語(Preferred terms)
索引付けの際に、用語を統一するために、典拠リストに掲載された優先使用語のみを使い、非優先使用語については優先使用語に結びつけることとする。

■用語統制(vocabulary control)
使用する用語を優先使用語に限定し、非優先使用語については優先使用語に結びつけて、相互参照ができるようにする。

■来歴(Provenance)
資料もしくは歴史上の文物について、その所有や管理、場所などの変化を調べた年代記。

事項索引

人名索引

注

まえがき

Bawden, David, and Lyn Robinson, *2012 Introduction to information science* London; Facet.(デビッド・ボーデン & リン・ロビンソン（田村俊作監訳、塩崎亮訳）『図書館情報学概論』勁草書房、2019)
Floridi, Luciano, 2014. *The Fourth revolution: How the infosphere is reshaping human reality* Oxford: Oxford University Press.（ルチアーノ・フロリディ（春木良且、犬束敦史訳）『第四の革命：情報圏が現実をつくりかえる』新曜社、2017)
Robinson, Lyn, and David Bawden, 2013. Mind the gap: Transitions between concepts of information in varied domains. In *Theories of information, communication and knowledge: A multidisciplinary approach*, ed. Fidelia Ibekwe-SanJuan and Thomas Dousa, 121-141, Berlin: Springer.
Wright, Alex, 2014. *Cataloging the world: Paul Otlet and the birth of the information age*: New York: Oxford University Press.

本編

Bawden, David. 2001. Information and digital literacies: A review of concepts. *Journal of Documentation* 57 (2): 218–259.
Bawden, David, and Lyn Robinson. 2013. *Introduction to information science*. Chicago: Neal-Schuman.（デビッド・ボーデン & リン・ロビンソン（田村俊作監訳、塩崎亮訳）『図書館情報学概論』勁草書房、2019)
Berger, Peter L., and Thomas Luckmann. 1966. *The social construction of reality: A treatise in the sociology of knowledge*. Garden City, NY: Doubleday.（ピーター・バーガー、トーマス・ルックマン（山口 節郎訳）『現実の社会的構成』新曜社、2003)
Berman, Sanford. 1971. *Prejudices and antipathies: A tract on the LC subject heads concerning people*. Metuchen, NJ: Scarecrow.
Blair, David C. 1990. *Language and representation in information retrieval*. Amsterdam: Elsevier Science.
Blum, Rudolf. 1980. *Bibliographia: An inquiry into its definition and designations*. Chicago: American Library Association.
Bowker, Geoffrey, and Susan Leigh Star. 1999. *Sorting things out: Classification and its consequences*. Cambridge, MA: MIT Press.
Briet, Suzanne. 1951. *Qu'est-ce que la documentation*? Paris: EDIT.
Briet, Suzanne. 1954. Bibliothecaires et documentalistes. *Revue de la Documentation* 21, fasc. 2: 41-45.

Briet, Suzanne. 2006. *What is documentation?*, ed. Ronald E. Day. Lanham, MD: Scarecrow. Translation of S. Briet. 1951. *Qu'est-ce que la documentation?* Paris: EDIT.
Brown, John S., and Paul Duguid. 2000. *The social life of information*. Boston: Harvard Business School Press.
Buckland, Michael K. 1989. The roles of collections and the scope of collection development. *Journal of Documentation* 45 (3): 213–226.
Buckland, Michael K. 1991. Information as thing. *Journal of the American Society for Information Science* 42 (5): 351–360. http://people.ischool.berkeley.edu/~buckland/thing.html.
Buckland, Michael K. 1997. What is a "document"? *Journal of the American Society for Information Science* 48 (9): 804–809. http://people.ischool.berkeley.edu/~buckland/whatdoc.html.
Buckland, Michael K. 2006. Description and search: Metadata as infrastructure. *Brazilian Journal of Information Science* 0 (0): 3–14. http://www2.marilia.unesp.br/revistas/index.php/bjis/article/view/26/47.
Buckland, Michael K. 2007. Naming in the library: Marks, meaning and machines. In *Nominalization, nomination and naming in texts*, eds. Christian Todenhagen and Wolfgang Thiele, 249–260. Tubingen: Stauffenburg. http://people.ischool.berkeley.edu/~buckland/naminglib.pdf.
Buckland, Michael K. 2011. Data management as bibliography. *Bulletin of the American Society for Information Science and Technology* 37 (6): 34–37. http://asis.org/Bulletin/Aug-11/AugSep11_Buckland.pdf.
Buckland, Michael K. 2012a. Lodewyk Bendikson and photographic techniques in documentation, 1910–1943. In *International perspectives on the history of information science and technology*, eds. Toni Carbo and Trudi B. Hahn, 99–106. Medford, NJ: Information Today.
Buckland, Michael K. 2012b. Obsolescence in subject description. *Journal of Documentation* 68 (2): 154–161. http://people.ischool.berkeley.edu/~buckland/obsolsubject.pdf.
Buckland, Michael K. 2012c. What kind of a science can information science be? *Journal of the American Society for Information Science and Technology* 63 (1): 1–7. http://people.ischool.berkeley.edu/~buckland/whatsci.pdf.
Buckland, Michael K. 2014. Documentality beyond documents. *Monist* 97 (2): 179–186. http://people.ischool.berkeley.edu/~buckland/docbeyonddoc.pdf.
Buckland, Michael K. 2015a. Classification, links and contexts. In *Classification and authority control: Expanding resources discovery*, eds. Aida Slavic and M. I. Cordeiro, 1–16 . Proceedings of the International UDC Seminar, October 29–30 2015, Lisbon, Portugal. Wurzburg: Ergon Verlag. Revised text at http://people.ischool.berkeley.edu/~buckland/lisbon15.pdf.
Buckland, Michael K. 2015b. Document theory: An introduction. In *Records, archives and memory: Selected papers from the Conference and School on Records, Archives and Memory Studies*, eds. Mirna Willer, Anne J. Gilliland, and Marijana

Tomić, 223–237. Zadar: University of Zadar Press. http://people.ischool.berkeley.edu/~buckland/zadardoctheory.pdf.

Buckland, Michael K., Aitao Chen, Fredric C. Gey, Ray R. Larson, Ruth Mostern, and Vivien Petras. 2007. Geographic search: Catalogs, gazetteers, and maps. *College and Research Libraries* 68 (5): 376–387. http://crl.acrl.org/content/68/5/376.full.pdf+html.

Buckland, Michael K., and Fredric Gey. 1994. The relationship between recall and precision. *Journal of the American Society for Information Science* 45 (1): 12–19.

Buckland, Michael K., and Christian Plaunt. 1994. On the construction of selection systems. *Library Hi Tech* 48: 15–28. http://people.ischool.berkeley.edu/~buckland/papers/analysis/analysis.html.

Buckland, Michael K., and Michele R. Ramos. 2010. Events as a structuring device in biographical mark-up and metadata. *Bulletin of the American Society for Information Science and Technology* 36 (2): 26–29. http://www.asis.org/Bulletin/Dec-09/Bulletin_DecJan10_Final.pdf.

Case, Donald O. 2012. *Looking for information: A survey of research on information seeking, needs and behavior.* 3rd ed. Bingley, UK: Emerald Group.

Chatman, Elfreda A. 1992. *The information world of retired women.* New York: Greenwood Press.

Chevillotte, Sylvie. 2010. Information literacy. In *Encyclopedia of library and information sciences*, ed. Marcia J. Bates, 2421–2428. 3rd ed. Boca Raton, FL: CRC Press.

Cohen, Robert S., and Thomas Schnelle, eds. 1986. *Cognition and fact: Materials on Ludwik Fleck.* Boston Studies in the Philosophy of Science, 87. Dordrecht: Reidel.

Davis, Charles H., and Debora Shaw, eds. 2011. *Introduction to information science and technology.* Medford, NJ: Information Today.

Day, Ronald E. 2001. *The modern invention of information: Discourse, history, and power.* Carbondale: Southern Illinois University Press.

Day, Ronald E. 2007. "A necessity of our time": Suzanne Briet's "*What is documentation?* " In *A document (re)turn: Contributions from a research field in transition*, eds. Roswitha Skare, Niels W. Lund, and Andreas Varheim, 312–326. Frankfurt am Main: Peter Lang.

Day, Ronald E. 2014. *Indexing it all: The subject in the age of documentation, information, and data.* Cambridge, MA: MIT Press.

Dewey, Melvil. 1899. *Decimal classification and relativ index for libraries, clippings, notes, etc.* 6th ed. Boston: Library Bureau.

Egghe, Leo. 2008. The measures precision, recall, fallout, and miss as a function of the number of retrieved documents and their mutual interrelations. *Information Processing and Management* 44: 856–876.

Encyclopedia of library and information sciences, ed. Marcia J. Bates. 2010. 3rd ed. 7 vols. Boca Raton, FL: CRC Press. http://www.tandfonline.com/doi/book/

10.1081/E-ELIS3.
Fairthorne, Robert A. 1961. *Towards information retrieval*. London: Butterworths.
Feather, John. 2013. *The information society*: A study of continuity and change. London: Facet.（ジョン・フェザー（高山正也、古賀節子訳）『情報社会をひらく』勁草書房、1997）
Ferraris, Maurizio. 2013. *Documentality: Why it is necessary to leave traces*. New York: Fordham University Press.
Fleck, Ludwik. 1979. *Genesis and development of a scientific fact*, trans. Frederick Bradley and Thaddeus J. Trenn. Chicago: University of Chicago Press. Translation of *Entwicklung einer wissenschaftlichen Tatsache*. Basel: Schwabe, 1935.
Floridi, Luciano. 2010. *Information: A very short introduction*. Oxford University Press.
Foucault, Michel. 1970. *The order of things: An archaeology of the human sciences*. New York: Vintage Books.（ミシェル・フーコー（渡辺一民、佐々木明訳）『言葉と物』新潮社、1974）
Frohmann, Bernd. 2004. *Deflating information: From science studies to documentation*. Toronto: University of Toronto Press.
Furner, Jonathan. 2004. Information studies without information. *Library Trends* 52 (3): 427–446.
Garrett, Jeffrey. 1999. Redefining order in the German library, 1755–1825. *Eighteenth-Century Studies* 33: 103–123.
Gleick, James. 2011. *The information: A history, a theory, a flood*. New York: Pantheon Books.
Glushko, Robert J., ed. 2013. *The discipline of organizing*. Cambridge, MA: MIT Press.
Hapke, Thomas. 1999. Wilhelm Ostwald, the "Brucke" (Bridge), and connections to other bibliographic activities at the beginning of the twentieth century. In *Proceedings of the 1998 Conference on the History and Heritage of Science Information Systems*, eds. Mary Ellen Bowden, Trudi Bellardo Hahn, and Robert V. Williams, 139–147. Medford, NJ: Information Today. http://wayback.archive-it.org/2118/20101023161313/http://assets.chemheritage.org/explore/ASIS_documents/ASIS98_Hapke.pdf.
Lakoff, George. 1987. *Women, fire, and dangerous things: What categories reveal about the mind*. Chicago: University of Chicago Press.
LISA Library and Information Science Abstracts. 1969- . [Electronic Resource]. Ann Arbor, MI: ProQuest. http://www.proquest.com/products-services/lisa-set-c.html.
Lund, Niels W. 2009. Document theory. *Annual Review of Information Science and Technology* 43: 399–432.
Mannheim, Karl. 1936. *Ideology and utopia: An introduction to the sociology of knowledge*. New York: Harcourt, Brace.（カール・マンハイム（鈴木二郎訳）『イデオロギーとユートピア』未來社、1968）

McGann, Jerome. 1983. *A critique of modern textual criticism*. Chicago: University of Chicago Press.
McGann, Jerome. 2014. *A new republic of letters: Memory and scholarship in the age of digital reproduction*, 19. Cambridge, MA: Harvard University Press.
McKenzie, Donald F. 1999. *Bibliography and the sociology of texts*. Cambridge, UK: Cambridge University Press.
Norton, Melanie J. 2010. *Introductory concepts in information science*. 2nd ed. Medford, NJ: Information Today.
Pettigrew, Karen E., Raya Fidel, and Harry Bruce. 2001. Conceptual frameworks in information behavior. *Annual Review of Information Science and Technology* 35: 43–78.
Petras, Vivien. 2006. Translating dialects in search: Mapping between specialized languages of discourse and documentary languages. Ph. D. thesis. University of California, Berkeley. http://www.sims.berkeley.edu/~vivienp/diss/vpetras-dissertation2006-official.pdf.
Petras, Vivien, Ray R. Larson, and Michael K. Buckland. 2006. Time period directories: A metadata infrastructure for placing events in temporal and geographic context. In *Opening information horizons*, 151–160. Proceedings of the 6th ACM/IEEE-CS Joint Conference on Digital Libraries. New York: Association for Computing Machinery. http://portal.acm.org/citation.cfm?id=1141782.
Plaunt, Christian J. 1997. A functional model of information retrieval systems. Ph. D. thesis. University of California, Berkeley.
Ranganathan, Shiyali Ramamrita. 1951. *Classification and communication*. Delhi: University of Delhi.
Rubin, Richard E. 2010. *Foundations of library and information science*. 3rd ed. New York: Neal-Schuman.
Suominen, Vesa. 1997. *Filling empty space: A treatise on semiotic structures in information retrieval, in documentation, and in related research*. Acta Universitatis Ouluensis, Series B, Humaniora, 27. Oulu, Finland: Oulu University Press.
Text Encoding Initiative Consortium. 2009. Report on XML mark-up of biographical and prosopographical data. http://www.tei-c.org/Activities/Workgroups/PERS/persw02.xml.
Tylor, Edward B. 1871. *Primitive culture*. London: Murray.
Warner, Julian. 2010. *Human information retrieval*. Cambridge, MA: MIT Press.
Webster, Frank. 2014. *Theories of the information society*. 4th ed. London: Routledge.（フランク・ウェブスター（田畑暁生訳）『「情報社会」を読む』青土社、2001（ただし初版の翻訳））
White, Howard D. 2010. Relevance in theory. In *Encyclopedia of library and information sciences*, ed. Marcia J. Bates. Vol. 6, 4498–4511. 3rd ed. Boca Raton, FL: CRC Press.
Wilson, Patrick. 1968. *Two kinds of power: An essay on bibliographical control*. Berkeley: University of California Press. http://www.ucpress.edu/op.php

?isbn=9780520035157.
Wilson, Patrick. 1983. *Second-hand knowledge: An inquiry into cognitive authority*. Westport, CT: Greenwood.
Wilson, T. D. 1981. On user studies and information needs. *Journal of Documentation* 37 (1): 3–15.
Wright, Alex. 2014. *Cataloging the world: Paul Otlet and the birth of the information age*. Oxford University Press.
Zerubavel, Eviatar. 1997. Social mindscapes: *An invitation to cognitive sociology*. Cambridge, MA: Harvard University Press.

さらなる研究のための文献

この本で取り上げたトピックスのいくつかは、手に入る文献がある。たとえば Bawden and Robinson [2013]、Davis and Shaw [2011]、Feather [2013]、Glushko [2013]、Norton [2010]、Rubin]2010] といった関連する教科書も参考文献となる。また、社会学的側面については Webster [2014]、テクノロジーについては Gleik [2011] を参照。より広い意味でよい出発点になるのは、the Encyclopedia of Library and Information Science [2010] や、Library and Information Science Abstracts [1969] である。

本文の一部は以前の出版物を使っている。本文を補うであろう付加的な情報源について挙げておく。

第 1 章「イントロダクション」は Buckland [2015b] を下敷きにしている。用語情報についての別の考え方は Furner [2014] を参照。パスポートの議論は Buckland [2014] に依る。「情報」の人気については Day [2001]。Floridi [2011] は、エントロピー、シャノンとウィーヴァーの情報理論といった、情報の形式的な理論の簡潔な入門書となっている。文献学や文書についての研究は McGann [2014]。分業と二次的知識については Wilson [1983] に基づく。Day [2014] は、情報システムがいかに私たちの生活を形作っているかを検証する。

第 2 章「資料と証拠」は Buckland [2015b] に基づく。資料についての議論は Buckland [1991,1997]、Lund [2009]、データマネジメントの議論は Buckland [2011] から。コピーの歴史については Buckland [2012] を参照。シュレッティンガーについては Garrett [1999] を、オトレについては Wright [2014] を、オストヴァルトについては Hapke [1999] を、フレックについては Fleck [1979] および Cohen and Schnell [1986] を参照。Blum [1980] と McKenzie [1999] は書誌学のための良い情報源となる。

第 3 章「個人と共同体」では、まずテーラーの文化の定義について Taylor [1971],p1. を参照。情報に関連する行動は複雑で検証が難しく、学問もなかなか進まない。Case [2012] は良い入門になる。以前の議論については Wilson [1981] および Pettigrew, Fidel and Bruce [2001]。「スモールワールド」についての議論は Chatman [1992] などエルフリーダ・チャットマンによる。資料の社会的役割については Brown and Duguid [2000] と Ferraris [2013] を参照。知識の構築については、Mannheim [1936] の第 1 章や Berger and Luckmann [1966]、さらに Zerubavel [1997] を参照。本の社会的文脈については、McGann [1983] および McKenzie [1999] を参照。

第 4 章「組織化：整理と説明」は Buckland [1989,2007] ならびに Fairthorne [1961],pp84-85. による。

第 5 章「名付ける」は Buckland [2007,2012b] に基づくが、Ranganathan [1951],p.34、Souminen [1997]、Briet [1953],p.43、Briet [2006],pp.50-51、Fairthorne [1961]、Blair [1990]、Lakoff [1987]、Frohmann [2004]、Bowker and Star [2000]、Berman [1971] からも示唆を得ている。

第 6 章「メタデータ」は Buckland]2006] および Buckland [2015a] に基づく。インフラとしてのアイディアやドキュメンテーションについては Foucault [1970]、Day [2007,2014] を参照。空間と場所については Buckland et al. [2007] を参照。時間と出来事については Petras, Larson and Bckland [2006] を参照。伝記的記録については Text Encoding Initiative consortium [2009] および Buckland and Ramos [2010] を参照。

第 7 章「発見と選択」は Buckland and Plaunt [1994] に基づいている（さらに Plaunt [1997] に進んだ議論がある）。インターフェイスとしての印刷された書誌については Bates [1976] を参照。意味論 / 統語論というテーマは Warner [2010] で展開されている。

第 8 章「選択方法の評価」は Buckland and Gey [1994] の一部を要約したものであり、付録 B でより詳しく説明している。White [2010] には適合性理論に関する卓越した議論がある。

第 9 章「まとめと考察」では、「どのような種類の分野か？」という節は Buckland [2012c] に基づいている。Bawden [2001] と Chevillote [2010] は、情報リテラシー研究についての有益なレビューを含んでいる。

付録 A「選択を分析する」は Buckland and Plaunt [1994] の一部をまとめたもので、Plaunt [1997] ではより深い考察がなされている。

付録 B「情報検索の評価方法」は、Buckland and Gey [1994] に基づいている。Egghe [2008] はこれらの関係について数学的に取り扱っている。

著者■マイケル・バックランド(Michael Buckland)
1941年イギリス生まれ。オックスフォード大学卒業後、シェフィールド大学で博士号を取得。図書館情報学の分野で学問的業績を上げる。現在はカリフォルニア大学バークレー校の名誉教授。

訳者■田畑暁生(たばた・あけお)
1965年東京都豊島区生まれ。東京大学大学院社会学研究科(社会情報学専攻)博士課程単位取得退学。神戸大学大学院人間発達環境学研究科教授。
主な著書に、『情報社会論の展開』(北樹出版)、『メディア・シンドロームと夢野久作の世界』(NTT出版)、『風嫌い』(鳥影社)など、主な訳書に、デイヴィッド・ライアン『監視文化の誕生』(青土社)、マイケル・ライアン＆メリッサ・レノス『映画分析入門』(フィルムアート社)などがある。

MITエッセンシャル・ナレッジ・シリーズ
新《しん》・情報学入門《じょうほうがくにゅうもん》
ビッグデータ時代《じだい》に必須《ひっす》の技法《ぎほう》

発行日　2020年3月15日　第1版第1刷発行

著　者　マイケル・バックランド
訳　者　田畑暁生
発行所　株式会社日本評論社
〒170-8474 東京都豊島区南大塚3-12-4
電話(03) 3987-8621 [販売]
(03) 3987-8599 [編集]

印　刷　精文堂印刷
製　本　難波製本
本文デザイン　Malpu Design(佐野佳子)
装　幀　Malpu Design(清水良洋)

ISBN978-4-535-78875-6